最強提問力

問更好的問題，獲得更棒的答案！

埃爾克・維斯
Elke Wiss —— 著

翁雅如
—— 譯

……對心裡所有未解的問題要有耐心，像是喜歡上鎖的房門、喜歡異國口吻撰寫成的書籍，想辦法把那樣的喜愛，拿來愛問題本身。不要這時候就尋找答案，答案不能交付給你，是因為你用不上的。重點是，想辦法用上一切吧。現在就把問題都用上。也許這樣一來，你就能慢慢地，在不知不覺中，把一點過去加進答案裡面。

——里爾克（Rainer Maria Rilke）

《給青年詩人的信》

【推薦序】

如何透過提問，知道世界上的一切？

作家／褚士瑩

埃爾克・維斯（Elke Wiss）是一位荷蘭的編劇、劇場導演、女性以及哲學踐行者。如果不是最後的這一項，我們可以說是世界上幾乎沒有任何相同之處的兩個個體。

但正因為她時常用「蘇格拉底對話」的技巧舉辦哲學踐行工作坊，進行哲學諮商，教人提問的藝術，突然之間，我覺得我們之間有著共同的語言。如果有一天我們見面，對話也會像是熟悉的老朋友一樣。

更精確地來說，是有著兩千五百年交情的老朋友。

首先，我想我們可能會先聊一下亞里斯多德提出的「白板說（Tabula Rasa）」。

「心靈是一塊白板嗎？」

亞里斯多德使用這句話時，他背後的概念是「蠟塊說」，指出感性靈魂接受的，是事物的形式而非質料，就好像一塊歐洲貴族用來作為封印的熱蠟，當刻有圖紋的金屬壓在熱蠟上時，它接受的是印紋，而不是金屬本身。

「教育是接受烙印的火刑嗎？」可能會是我們的下一個問題。

經過對話之後，我想我們會傾向同意蘇格拉底說的，人不是白板，也不是蠟塊，而教育不是灌輸。我們唯一能做、而且應該做的，是透過「提問」，來點燃彼此內心神聖的火焰。

這是為什麼蘇格拉底說自己一無所知，卻又能夠教授別人知識。因為這些知識，並不是由蘇格拉底灌輸給別人的，而是人們原來已經具有的。

所有問題的答案，都早就已經在我們「裡面」，我們就像已在心上懷了胎兒，只是自己還不知道。蘇格拉底先像一張驗孕試紙，確定對方知道自己內在有一個正在成形的想法，然後透過細緻的提問對話，像助產士的按摩般，清楚指示思考的方向，最終幫助對方把自己足月的想法生產出來，並且能夠辨識出這個想法，確實就是我的孩子，不帶批判地接受他，而不是困在現實和想像的差距中，嫌棄自己真實想法的醜陋。

我之所以如此確定，是因為我在閱讀她的新書《最強提問力》（How to Know Everything）的時候，使用了邏輯觀察的技巧，觀察到她所做的事，正是我每一天正在做的事。那種心智的連結，是如此的真實而確定。就像我們在踐行哲學對話的時候，也確知自己的心智，正跟我們的老師，兩千五百年前的蘇格拉底聯繫在一起。

我在閱讀《柏拉圖對話錄》的時候，也感受到這樣的連結。

其實我在臉書或是推特上，讀到任何讓我怒火中燒的話語時，我也會提醒自己，安靜下來，繼續觀察。直到我看清楚我與我厭惡的人、我反對的話語，也有著如我與我喜歡的蘇格拉底的連結為止，否則我不應該半途停下來。

我不否認，隨意的提問表面很簡單，只要在隨便在句尾加個問號就行了，但優質的提問，其實是一件很難的事。經過這些年的練習，我也發現了一條截彎取直的便道，那就是可以「觀察出好問題」。只要仔細觀察，就可以變得會提問。

慣性隨意的提問，因為往往帶著自己強烈的預設，卻渾然不覺，所以很難成就一個好問題。在經年累月的練習中，我慢慢認識到提出一個好問題的過程，也就是點燃內心神聖的火焰，其實可以簡化成這四個簡單的步驟：

1檢查自己和對方的預設。

2透過觀察，連結到「別人的角度」，能用對別人的提問，開啟「廣度」。
3透過觀察，連結到「自己的生活」，能對自己提問，開啟「深度」。
4擁抱自己的無知，使用好奇心和對方一起探索，信任對話，即使不知道對話的去向也沒關係。

換句話說，檢查自己是否已經戴好安全帽、綁好安全帶，如果已經用邏輯思考的紀律，裝備好自己，那就享受失控吧！就像蘇格拉底被處決的那天，來看望他的學生和親友都十分悲痛，而他本人卻鎮定自若，談笑依舊，最後從行刑官手裡接過毒酒，一飲而盡，從容赴死。因為一個已經透過提問、知道一切的人，是不會有恐懼的。

我喜歡這樣的自己。

關於褚士瑩：

一個從小就喜歡到世界盡頭去旅行的國際NGO工作者，專業訓練來自埃及AUC大學念新聞，及哈佛大學甘迺迪政府學院。在台灣期間，他串連在地與國際團隊，一起關心兒童與成人的思考教育、訓練NGO領域的專業工作者、客工、新移民、部落、環境、社區營造、小農與永續農業、自閉症成人、失智症家屬的支持等。中文出版品包括《我為什麼去法國上哲學課？》《我為什麼去法國上哲學課？實踐篇》《誰說我不夠好？》《企鵝都比你有特色》等五十多本，最新出版作品《看見自己說的話》（大田出版）。

前言

被對話的框架框住了？

Part 1

為什麼我們都這麼拙於問出好問題？

Part 2

你的核心：蘇格拉底式態度

Part 3

提問的時機

Part 4

提問的能力：技巧、小撇步和陷阱

Part 5

從問題到交談

前言

被對話的框架框住了？

超越是非對錯的概念以後，有一片原野。我們那裡見。
——魯米（Rumi1207～1273）波斯蘇菲派詩人和神祕主義者

我們的判斷從何而來？

「快啊，問吧。」蘇格拉底在我耳邊說。「就問吧，沒什麼好不問的。」

我眨了眨眼。「蘇格拉底，你聽我說，」我解釋道，「我知道你是從兩千五百年前來的，所以可能有點糊塗了，但是這種事情在現代不是可以就這樣開口問的……」

這是好幾年前的事了。我報名了一堂「實用哲學」的課程，這是我第一次接觸這個概念。因為想要進行有哲理的對話還有澄清我的思緒，所以希望能學一點相關的理論和可以實際運用的知識。身為舞台劇作家又是導演，我也希望能夠在創作的過程中更清楚地掌握腦海裡的思緒。也許更明確的說法應該是，我希望在問演員問題的時候能更精準地遣詞立意。所以就這樣，我當時就在那裡想要接觸哲學的實際面。

課程的第一天，午餐休息時間的時候，五名同學與我同桌用餐，分別是四女一男。沒多久，餐桌上的對話就開始討論起孩子了。大家按照座位順序輪流發言。你有小孩嗎？有，一個兒子。那你呢？兩個女兒，快顧不來了！大家都問了幾個後續的問題：孩子幾歲啊？上學了嗎？你給小孩iPad了嗎？都是我很熟悉的閒聊內容。當時的我二十多歲快三十歲，這個話題已經遇過不知道多少次。只要一有人說「沒吔，我沒有小孩」，現場若不是一陣怪異的沉默，就是馬上把一問一答的流程轉移到下一個人身上。毫不意外，有小孩的人很愛聊有小孩的事，但是感覺上更像是大家不想聽沒有小孩的人的故事。然而即便如此，我以前還是會這樣想，等一下，大家都有故事可以說啊。我們怎麼可以因為某人的行為就決定一個問題也不問、就判定他們的故事沒人想聽？

對話很快就輪到我身上了，我老實地說自己沒有小孩。我吸了口氣，準備好要多介紹一點自己。當時的我在學校教戲劇課，多的是跟孩子相關的故事好說，多的是我樂意分享的故事。

除此之外，我也很想聽聽其他人的經驗分享，想知道他們生活中的動力來源是什麼。我想跟他們分享我對於生小孩這件事的猶豫心情，像是，你怎麼知道你是真的想要小孩？感覺是個非常大的突破，是決定性的時刻，是一件你必須認真思考的事吧。你怎麼做出這樣重大的決定？但是我還沒來得及開口，已經有人匆匆將「那你呢？」三個字對著下一個成員說出口。所有人的注意力都轉移到了我身邊的女子身上，她也很快就開始熱切地訴說起七歲小孩的事情。每個人都刻意避開我的目光：顯然我的故事在這裡沒有立足之地。

我真的覺得很奇怪。畢竟，我們年紀都差不多，加上大家都來報名了這堂課，所以看起來至少有一個共同興趣才對。現場顯然很適合聊一些更有深度的話題吧，可以不用被標準的對話框架局限才對。

我心裡冒出一種不悅的感覺。為何要開始講小孩的話題，且只讓一部分人參與？為何暗自判定誰的故事可以說，誰的應該被跳過？為什麼不讓每個人自己決定他們有沒有東西要分享？

我身邊的女子把所有跟她家小女孩有關的事情都說完了以後，問題輪到了下一個人身上——一名年約四十出頭的女性，一頭俏麗棕色鬈髮。「不，」她說，「我沒有小孩。」一說完，小團體立刻就準備好換下一個人。

你為什麼沒有勇氣問？

就是這時候，我感覺到時間暫停了下來，我聽見身後傳來一個聲音說：「快啊，問吧。」蘇格拉底對我露出鼓勵的微笑。他看著我坐立不安的模樣，眼神趣味盎然。「就問吧！沒什麼好不問的。」

我看著他，解釋給他聽，在我們這個年代，事情不是這樣運作的。「我不能突然問那種問題……」

蘇格拉底挑眉。「你們的問題就在這裡。你們想出了這套行為守則，把某些問題貼上不舒服、不恰當的標籤，其他問題則被分類為正面的、允許提問。只因為你們覺得要顧及他人的感受——問題本身必須有禮，一定要避開真實、甚至是痛苦的問題，忽視了問題之所以重要，其實就是因為那些因素這點。」

「對，可是……」

「你想問的問題是事實對吧？」

「呃，對……」

「一個事實問題，怎麼會不恰當？」

「我……呃……我不知道。」

「就是啊。『是你決定不要生小孩的嗎？』這個問題跟『是你決定不慶生的嗎？是你選擇不決定求學的嗎？是你決定不接受升職的嗎？』這些問題的差異並不大，你自己要在特定主題上面附加痛苦情緒，使得避開這些題目變成一種潛規則，這跟問題本體一點關係都沒有。這也難怪你們這些人總是想要到處找更有深度的人生。你們把對話變成了地雷區！因為太害怕會引爆炸彈，所以決定盡可能地讓所有東西都維持在安全範圍內。然而一旦這麼做，對話就會變得很膚淺，而且索然無味。」

我張嘴想要辯解，可是蘇格拉底連眼皮都沒眨一下就繼續接著說下去了。「而且如果你覺得沒小孩的人也有資格分享自己的故事，卻一直什麼都不說，那你就是這問題的一部分。你跟那些一直維護潛規則的人一樣有罪。」

我再次眨眨眼，覺得有點茫然。那現在要怎麼樣？

「問問題啊！」蘇格拉底嘆了口氣，朝著那個有一頭俏麗鬈髮的女生點點頭，然後往椅背一靠。

你為什麼有權利問？

於是我忘卻了問問題的藝術，本著一點善意和希望自己能有所成長的心態，加上蘇格拉底的鼓勵，我決定要放手一試。革命就此開始，我心想。我要在所有小組討論中當沒有子女的女性的代表，更不用說還能為眼前這場討論增加一點深度。我鼓起勇氣，深呼吸後，看著俏麗鬈髮女的雙眼，打破了小組間短暫的沉默。「那，是你決定不要生小孩的嗎？」緊接而來的是另一陣沉默，這次緊繃又尷尬。我感覺到小組中其他人都屏息以待。女子瞪視著我，像是凍結了一樣，然後咬牙切齒地說：「不。不是我決定的，不是。」其他人簡直可說是透過全體一起努力，把自己變成了透明人。以擠在一張小桌邊的六個人來說，這可不是容易的事，不過他們豁出去了。

我感覺到自己的神經瞬間斷光。「還真是個好建議啊，老兄！」我對蘇格拉底低聲怒道。「感謝你一點忙都沒幫到。」我的腦海裡警鈴大響。我到底該怎麼解救眼前的情況？

午餐時間已經結束了，我們一群人一起走回教室。我刻意配合俏麗鬈髮女的腳步，一邊結結巴巴地說了一些有的沒的，還有「我不是故意要讓你難過，我只是覺得像這樣的討論，沒有小孩的人常常都會被跳過，真的太不公平了，而且我其實都會想要多聽一點大家的故事，而且因為我是真的對你的經歷有興趣，所以想說就直接問你……因為，嗯，大家的故事都應該要有人聽，加上畢竟我們來是要學實用哲學和如何提出更好的問題，還有……」

在我自己布下的地雷場步履蹣跚地前進的我，看來是沒有整理出一個有連貫性的想法。我那懦弱又羞愧的道歉，就這樣懸在空氣中。她冷冷地點點頭，意思是我可以不要再想了，然後惡狠狠地用氣聲說：「你知道嗎？有人覺得自己有權利問這種問題，我覺得很奇怪。」她大步走向教室，留我一個人走在她的身後，舉步維艱。

那次的午餐互動、那場對話和那個問題在我腦海裡如此清晰，是因為其帶來的感受強烈無比——對被問問題的那個女子以及對問問題的我來說都是。

我覺得很羞愧，充滿罪惡感，但是我沒辦法確切說出原因。我的動機很單純：我想要與對方建立連結，創造更開放、更有意義的交談，讓大家分享自己的故事。我想超越膚淺的閒聊，像是「你做什麼工作啊？」「你住哪邊？」還有「你有幾個小孩？」我本來是希望能夠讓每個人的故事都有一個位置，希望可以質疑那些在我眼中顯得不公平的潛規則。宛若現代蘇格拉底，我本來是希望能夠用好的問題、有價值的答案和更優質的對話來征服世界。

我真希望在那次命定的午餐休息時光裡的我已經知道了我現在知道的東西。希望我已經知道要問那樣的問題有其他辦法，不必把所有人都拖進壞情緒的泥沼裡。希望我已經知道要建立環境和條件，讓對話超越閒聊的程度，產生更深的共鳴是有可能的。希望我已經知道你可以問一些能夠建立連結的問題、能夠真的傳達真正想說的話的問題，即便有時候會帶來一些疼痛也一樣。

希望我已經知道可以用不同的方式看待問題，找到可以問問題又不會引發對方做出防禦回應的方法。希望我已經知道好的問題會引導出有利的答案，值得你全心的對待。

希望我已經知道對話一定有辦法平等地進行，重要的想法和信念都可以被看見，能讓對話深入主題的核心，分辨重要的內容和廢話——這方法讓大家能夠對自己的情緒和敏感負起責任。這個方法讓問題維持單純的身分：用來邀請大家深入一點。你可以自由決定拒絕或接受這個邀請。不需要令人如坐針氈的沉默、受傷的靈魂，也不必在一張小到沒有空間躲藏的午餐桌邊瘋狂祈禱自己變隱形。

從此你的名字可以叫「思考者」

如果當時的我就知道這些我現在知道的東西，我一定還是會問那個問題。但我會換個方式問。我會比照蘇格拉底的習慣，先取得對方的同意。我會改說：「我有興趣多聽一點，你介意我繼續問嗎？」

但當時的我並不知道我現在知道的這些。當時的我盡可能地運用了手邊僅有的工具，最後換來了慘痛的經驗，一個從那之後便常常讓我深思與糾結的經驗。那次短暫經歷對我接下來幾年的人格成長、教育，甚至是這本書，都產生了顯著的貢獻。從那之後我便開始學習更多關於實用哲學的知識、問問題的藝術，以及進行有哲理、蘇格拉底式的對話。我在荷蘭以及海外進修，並成立了一間公司，名為「思考者」，提供蘇格拉底式論述、批判性思考和提問的訓練課程和研習。那之後的每一天都是學習的過程。學習哪些東西可行，哪些不行。哪些條件能構成好的問題。學習能做什麼事情來增加討論的深度，讓大家開始動腦，一起用哲學思考，建立彼此間的連結。我也認識了蘇格拉底，現在的我把他當作英雄看待。他是我哲學世界裡的碧昂絲，而我絕對是忠實歌迷。

在培訓課程、哲學諮商和報告中，我親眼見過、感受過用不同的動機帶領談話所能造成的衝擊，以及如果能刻意培養蘇格拉底式的態度、努力調整問問題的方法，人與人之間的交談能夠改善多少。我目睹過在聽人交談、與人交談的時候，若能提防那些針對人性存在的陷阱，並且找到方法避免落入其中，對話與交談可以變得多有重量、有意義。

我體驗過把這個知識分享給其他人，幫助他們領悟這件事、取得技巧之後的快樂。隨著時間過去，我發現自己想要寫一本書，來幫助所有一心渴望能與人進行更有品質的交談卻苦無方法的人。讓我帶你踏上這段旅程吧。有了蘇格拉底當我們的嚮導，就可以來好好探索問問題的藝術。這樣一來，在所有場合、任何情況下，你都有辦法為交談內容帶來深度，也會知道如何透過問出該問的問題，就可以多了解身邊環境——對所有東西都了解更深一點。

實用哲學：有什麼用呢？

實用哲學不是什麼專門留給住在象牙塔裡、一臉長鬍子的老男人的深奧學術內容。實用哲學涵蓋重要的概念，例如正義、友誼、包容性和勇氣，並將這些概念把每一天在實際生活中會問到的問題連結在一起。可以對朋友說謊嗎？我的公司需要更有包容性的聘僱政策嗎？什麼時候最好把話放在心裡就好？現在適合換工作嗎？我的行為舉止會反映出我這個人的本質嗎？在這情況下，我該優先考慮自己的利益嗎？

我們都遇過這些狀況，站在一個令自身陷入兩難的十字路口，面對人生大哉問的抉擇點。這些問題對我們的生活都至關重要，可是要找到答案可難了！這類問題很可能會讓你一下子就把自己逼到無路可退。

進入實用哲學。我深信要找到答案，最好的方法就是跟能夠問出對的問題的人討論一番，這麼一來兩方都能更增智慧。我想跟各位分享一種特定方式，可以用來進行對話、加入其他人談話，一起尋找智慧、新觀點和重要問題的解答。

這本書不會教你用厲害的招數去閒聊，讓其他人留下印象，倒是會幫助你打開對話中隱藏的深度。在你探索新的可能性和新觀點的時候，在你的思緒「開機」的時候，對話中的深度會展開來，你就開始能夠看見接觸新發現和驚奇見解的可能性。這是一種彈性的思考方式，就像是決定改變自己的觀點，或是跳到別人思緒的快車上，看看這輛車能帶你到哪裡，你在討論的時候，不必再渴望說服他人或是在交談間稱霸。

培養「敏捷視角」

作家拉默特・坎普伊斯（Lammert Kamphuis）深入實用哲學的核心：「西班牙哲學家荷

西・奧德嘉・賈塞特（José Ortegay Gasset）曾經說過，哲學是研究表面的科學：當你進行哲學思考時，你會將無意識的想法、假設和信念展露出來。」

這麼做不但值得，而且必有回報，你不僅會注意到自己對人類本性的潛意識想法，也會讓出空間來容納其他人的想法。這個技巧我喜歡稱之為「敏捷視角」，一種可以跳脫自我框架、意見和觀點思考的能力。而哲學思考正是訓練這項能力的最佳方式。敏捷視角的重點在於探索、調查其他人的觀點，並且避免立刻陷入自己的觀點之中。敏捷視角是要讓你能夠暫時放下私人感受，去清楚、冷靜地摸索問題，並且盡可能維持一張白紙般的心態。等到你自己的想法浮現以後，就用批判的方式審視這個念頭，進而得以發現自己的腦袋比你以為的還要開闊多了。

也就是說，這是一本獻給能勇敢去思考的人的書。給那些勇於提出質疑、渴望進行調查，且不會一心以為自己早就已經知道答案的人。給那些樂於接受自己有所不知的人。給那些有勇氣讓自己先保持安靜去傾聽，而不是想到什麼就說出口的人。這樣的人會先靜默一下，作為後續深入問題的出發點、讓人知道他們想知道更多。哲學思考——不知、提問、求解——讓你能成為一個更豐富、更有智慧的人。這是一本寫給每一個不會堅持「這就是我的真理」、想要尋找共同擁有的智慧的人。

愛因斯坦曾說：「如果我只有一個小時可以解決一個攸關自身性命的問題，我一定會把前五十五分鐘都拿來判斷我最該問的問題是什麼。」這本書會幫助你問出有意義的問題、重要的問題。那種能夠發出邀請、能探索、瓦解、揭露、對質、加強深度、挑戰、刺激和推動進度的問題。這本書會鍛鍊你用批判性去思考、分析和提問，會提供你實用的引導方針、條件、技巧、理論知識背景以及聆聽他人的方法。進一步指引你，讓你在日常決策時深入探索、加強哲學深度。

這本書不會只給你一張簡單的問題清單，向你保證這些問題一定能正中紅心。這世上沒有這種東西。在某一個情境中能夠擊中目標的問題，在另一個情境中可能完全偏離核心。相信我，這我很清楚。

為什麼是蘇格拉底？

歡迎打開這本實用手冊，幫助你開發求知的態度，提出更優質的問題。哲學家蘇格拉底會是你的導師。想像他穿著布鞋、跟鞋、牛仔靴……任何你覺得可以接受的畫面。

蘇格拉底，這個活在兩千五百年前的古希臘思想家，是世上最實際的哲學家。他在雅典的大街小巷到處找人進行哲學討論，抓住每個當下、捕捉生命中真正重要的事物。他很快就發現自己缺乏專業知識，開始以求知的態度，而目標只有一個，就是要詰問他人所知與智慧。蘇格拉底會問問題——包山包海的問題。他比誰都懂問問題的藝術。他這麼做的原因有二：

1.他想要變得更有智慧。秉持「我知道我什麼都不知道」的原則，蘇格拉底四處尋找知識。他發現真正的知識會出現在對話中，並將談話對象視為磨礪思維的重要磨刀石。

2.他希望能把對話的對象從他們自己的邏輯、思考的瑕疵中、對自己與他人的誑語（例如一些垃圾話）中解放出來。他幫助那些人尋找「真正的知識」。透過批判的提問方式，他們能了解到自己以為已經再清楚不過的東西，竟完全不是真正的知識。

在現今世界中，人人都覺得自己懂點什麼，意見比事實更引人注意，其實我們都需要一點開放的態度、好奇心和無知的自覺。蘇格拉底和他對於哲學思考、思維和問問題的實用方法，提供了完美的試金石。透過他，我們可以學習如何開發一種充滿求知慾的求問態度，找到對自己、對他人問出有批判性問題的方法。

「我知道我什麼都不知道」

我們的這位英雄，蘇格拉底，活在約兩千五百年前的雅典。他出生於西元前四百六十九年，父親是一名雕刻家，母親是助產士。蘇格拉底與一名叫做贊西佩的女子結婚，兩人育有三個兒子。蘇格拉底一開始追隨父親的腳步，成為一名工匠，但是很快地他便轉換跑道，開始鑽研教學的藝術。當時的市集廣場是整個城裡的政治和文化中心，他在這裡跟任何願意聆聽的管理者、商人、政治家、工匠、藝術家和學生交談——討論他們生活與工作的基本層面。

透過問問題，蘇格拉底讓對方有機會能夠審視：自己的決策，反思自己的行為舉止背後的理由，釐清自己為何有那些觀點。此舉讓他受到許多人的尊敬，但並非每個人都欣賞他這種試探的問話方式，因此他也被戲稱為「雅典的馬虻」。

蘇格拉底深信唯有知道什麼是對的，才能讓人真正獲得快樂，他相信每個人的心裡都有能力辨識任何情況中的好。人本來就會想要發揮自己正在做的事。要怎麼成為一位好的父親或是好朋友？身為管理者或業主要怎麼知道該做什麼決策？身為醫生，正確又負責任的行為對你來說是什麼意思？蘇格拉底是問問題、體現疑問態度的大師。如果有「無所知大賽」，他一定能輕鬆獲勝。他擁有一種前所未見的能力，像是對著自己交談的對象舉起一面鏡子，讓那些人能看見自己說出的話和矛盾。他沒有吹噓自己懂的東西，而是不斷提問，邀請對話的對象一起來調查清楚。

蘇格拉底的座右銘是「我知道我什麼都不知道」，這讓他成為德爾菲神殿所封最聰明之人。這座神殿位於德爾菲中心，是古希臘的神聖拜祀場所，非常受到信眾崇敬，是獻給有預言與神諭之神等稱號的阿波羅的神殿。每年都有數以千計的民眾，其中包含許多朝聖者，會在有重大決策要做的時候，前來這座神殿請求意見、尋求神的建議。因為阿波羅同時也是太陽神之子，被視為黑暗中的光明，能看見凡人看不見的東西。

蘇格拉底非常渴求知識，也想知道那些重大問題的答案，例如「正義是什麼？」他的方法就是去找一些看起來知道自己在說什麼的人，讓那些人回答他的問題。以法官來說，他是每天都要決定人事物善與惡之分的人。法官一定可以回答何謂正義這個問題吧？蘇格拉底拜訪的那位法官的確回答了問題，還仔細地講述了一遍。然而過沒多久，蘇格拉底便開始指出法官言論中的矛盾之處。後來就連法官都表示自己不知道究竟要如何形容正義的概念了。正義是一種美德嗎？跟自我約束有關嗎？他們自己在這個情況下或那個情況下，也都採取正義的行為嗎？疑問的清單簡直看不見盡頭。蘇格拉底靠這個方法讓交談對象動腦思考，讓他們一起追求智慧。

蘇格拉底因此採取了非常實際的哲學思考方式：他把抽象的概念結合在真實的情況之中討論。在他看來，哲學不是什麼專屬菁英的學問，而是很實用的知識，在每天的生活經歷中就能證明其價值。他的目標是跟其他人聯手，去分析、了解爭執內容，與他人一起學習、尋找智慧。重點一直都是放在具體經驗上。純理論的意見、概念與假設情境的討論，對蘇格拉底來說毫無意義：這種討論無法產生真正的知識，而是會形成一種「假知識」，受到傳統學界的束縛。蘇格拉底使用行為分析，並且透過詢問對方為何有這樣的行為和想法，他會想辦法透析那些規則。

在你讓這些潛意識中的規則、主張、信念和觀念變得明確的時候，在對其提出疑問、深入了解的時候，這麼做也會讓你採取更佳的行為舉止。

蘇格拉底認為知識並非模仿別人的觀點可習得的，應該要像是一種記憶行為。這也是為什麼有那麼多由他的學生、徒弟，同時也是哲學家的柏拉圖所記錄下來的對話內容，卻沒有一本書是蘇格拉底自己寫作而成。他深信寫書只會導致死板、學術化和不實際的學習。在蘇格拉底的觀念裡，唯一能接觸到真正知識的方法，就是透過對話交談。知識為不朽的靈魂所有，蘇格拉底深信他這麼做是在幫助交談的對象把知識喚醒。他的這個方法後來由一個很美好的字來代稱「maieutics」，是古希臘文「接生」的意思。

蘇格拉底的母親曾是助產士，所以他對於生產的過程很熟悉，也常將自己的工作——把知識從他人身上引導出來——與接生相提並論。

哲學思考的開端

柏拉圖寫下的蘇格拉底對話紀錄《美諾篇》中，蘇格拉底說過：

「我自己對於曾經說過的話都沒有完全的信心。但是只要覺得自己該問下去，就應該要做得更好、更勇敢，且不要讓自己束手無策。不要沉浸在虛假的幻想中，逕自認爲我們就是沒辦法尋求未知事物、認爲想找到答案是不可能的事情。這就是我準備要奮戰的目標，想辦法盡我全力做到言行一致。」

最終，這場戰鬥讓蘇格拉底付出了生命的代價。七十歲的蘇格拉底被控為無神論者以及敗壞雅典的年輕一代。他的行為遭到譴責，被判處死刑。多年來，蘇格拉底用批判性的提問，造成許多人與他對立。有些人將他貶為詭辯之人，說他到處散播可疑的論述和邪惡的謬論，讓年輕一代產生反抗威權的心態。在那些人眼中，蘇格拉底的行為損害了雅典的神聖律法。除此之外，還有許多人說蘇格拉底這個人不民主。例如，他曾經說過，從一群人之中任意選擇統治者的這個流程，並不能保證有正義的結果。整體來說，蘇格拉底的這些觀點和說話方式，並沒有讓他交到什麼朋友。

柏拉圖在對話錄中的《申辯篇》詳細記錄了蘇格拉底的審判過程。這位哲學家在五百名雅典人組成的陪審團面前為自己的案件申辯，辯護的時候，蘇格拉底解釋自己為什麼會落得這樣身敗名裂的下場，過程中還對檢察官深入解讀了一番。感覺上他對於自己的審判並沒有非常嚴肅看待，最後陪審團中有三百六十人命他喝下毒藥。蘇格拉底並不懼怕死亡，他推論道死亡是以下兩種情況之一：有可能是一種虛無、無夢的永眠，或者靈魂會前往一個所有死者聚集的地方。他認為虛無與否，兩者都不恐怖。有人稱蘇格拉底之死是哲學的「大爆炸」時刻，許多人認為，這就是哲學史的開端。

柏拉圖寫下了許多蘇格拉底的談話內容。當然，我們永遠不會知道這些交談內容到底有多少為真，又有多少內容來自於柏拉圖的想像。我們只知道這些描述蘇格拉底進行對話時的內容，形成了一套我們稱之為「蘇格拉底式對話」的結構化方法。

德國哲學家、教育家、政治活躍分子雷納德・奈爾森（一八八二—一九二七）是現代蘇格拉底式對話的發起人。他的目標是希望能夠讓蘇格拉底式對話恢復昔日榮光：不僅是哲學史上一個抽象暨理論的存在，也是一個實際的工具，一種可以用於教育、機構組織、政治和其他每日生活範疇的方法。他認為想要為對話中增添求知的心態、反思和深度，就要使用蘇格拉底式的詰問態度。

何必這麼麻煩？

到底為什麼一個人會想要訓練自己問出好問題、培養哲學態度？你可能會覺得，難道生活還不夠忙嗎？就算如此，還是有很多好理由讓你這麼做。

首先，我們的世界現在就需要它。發展極為快速、隨時可能走向極化的現今社會，定能從慢下腳步、從根本的哲學態度、從對彼此真的有興趣也知道如何正確提問的人之中獲益。公開辯論、脫口秀、採訪、評論文章、線上和線下的討論，甚至晚餐桌邊的熱烈對話：這些時候的對話都太常用攻擊和防禦的方式進行，加諸在一些根本只是過多意見或對立看法的拔河形成的抹黑行為上。內容都沒什麼生產力，不能建立連結或提供幫助。等到塵埃落定後，人人都撤回自己的舒適圈去冷靜，然後更加沉溺在自己的封閉觀點中，沒有對其他人的經驗展開心胸。

有很多人已經準備好，也願意好好地討論生活中的議題：討論種族歧視和殖民主義的後果，討論歧視、性別、外貌攻擊、#MeToo、難民與移民議題或是氣候變遷的危機。這些議題好像總是一下子就引爆大家的脾氣、踩到某人的底線，讓他們鐵了心要讓別人去理解自己，而忘了去嘗試理解其他人的觀點。為了我們自己好，也為了這個世界好，我們應該要找到更好的方法來進行這些對話。我們應該要更加留意，更認真傾聽，嘗試讓自己被了解之前，先去了解對方。

我們應該要問出能夠引導更進一步理解的好問題。沒有這些問題，我們最終只會遺失自己的創意、想像力和批判思考的能力。

問出聚焦的問題能幫助我們開發這些技能，讓人能更有效率、更細緻入微地進行豐富有內容、更自由也更複雜的對話。這本書就是要幫助你在這些方面茁壯成長。

從你和我之間開始

費姆克・哈爾塞瑪曾長年宛若荷蘭政治圈的曙光。從議會舞台下台一鞠躬數年後，她於二〇一八年以阿姆斯特丹市市長的身分回歸公眾生活。在一次與時事週刊《自由荷蘭》（Vrij Nederland）的採訪中，她談到與民粹右翼政黨明日之星希爾里・鮑德的辯論：

我眞的讓自己沉浸在對方的觀點中。去年，我遇到希爾里・鮑德，那時候是我們在阿姆斯特丹辯論之後幾個禮拜，他對我說：「你在辯論中的表現比我好多了。」我覺得他這樣說，非常有風度。「你知道爲什麼嗎？」我問他。「你跟我有很大的不同。我眞的對你和你的觀點非常感興趣，所以我認眞地做了準備。但你對我毫無興趣。」他把我當成自己憎恨的事物的代表，對我實際上代表的立場一無所知。

像費姆克・哈爾塞瑪這樣的態度很少見，而她的對手，鮑德的態度則是我們再熟悉不過的了。我們對其他人的認知太少，而且儘管我們通常都對別人的意見沒什麼興趣，卻早已決定自己反正就是都不喜歡。為了什麼，自己也不知道。

好奇的態度、想要問問題的態度、想要多了解對方觀點的態度，就從這裡開始。從你和我之間開始。從我們與朋友、家人的對話，從吃晚餐時的談話、在職場上或酒吧裡的對話開始。希望從這些場合，這個新形態的蘇格拉底式談話方法，這種想要一起變得更有智慧的方法，能慢慢滲入辯論、脫口秀、報章專欄和政治舞台中。為了變得更好所做的改變，可以從你我之間開始。

開發這些技能的第二個理由很簡單：你的談話內容的品質可以大幅提升！你和家人坐下來吃晚餐的時候，如果可以偶爾進行一些比「學校今天怎麼樣啊？」或是「上班忙嗎？」更有趣的對話，不是很好嗎？若你能夠培養好奇心，開始問不一樣的問題，那麼在酒吧、教室、媒體和生日派對上的對話，都會變得更有意思。只要能掌握更周全的方式來問問題，就能讓你在其他人的體驗中暢行無阻。你可以真誠地與他人互相認識、發現新的事物，並獲得令你驚喜的領悟以及更有趣的思考方式。與彼此分享這些，會讓你成為一個更豐富的人。

第三個理由？好玩啊！思考以及問問題，練習實用哲學就是這麼有意思。我的其中一名學生說這種感覺令人成癮。這是一種讓你的思考變得越來越透澈的感覺，你能夠更有效率地觸及核心，分辨出有意義的事物和沒用的廢話。你會覺得自己取得新的見解、發展出想法，找到新方法和其他人一起調查問題並找到解決方式。整個過程都令人精神富足、覺得有趣，從頭到尾都很享受。你創造了思考的空間：在這裡你會更有彈性、更敏捷，腳步變得更輕快。

發現並探索他人的思考過程，與他人一起尋求智慧，就是一場遊戲。實踐哲學的行為，對情境、主張和陳述內容無窮的提問，具有其內在價值。有點像是彈鋼琴。你為什麼要彈鋼琴？因為這是一件好事。為何要使用實用哲學？因為這是一件好事。透過問問題來刺探議題跟玩數獨差不多：你做得越多，就會做得越好，其過程跟結果一樣令人有收穫。

第四個，也是最後一個理由：問好的問題，問完以後利用交談與對話方式尋求知識，你能更加了解自己。用求知的心情看待這個世界，以批判的態度對所有事物提問，不會讓答案變得唾手可得，但是能給你工具去探索想法，自己找出答案。

我相信好的問題可以建立真實且誠摯的連結。一種可以辨識人與人之間的差異和相似的連結，能讓我們看見自己最純粹的樣貌。研究羞愧、勇氣、脆弱、愛，以及那些讓我們之所以為人的一切的布芮尼・布朗說過：我們永遠需要連結。撇開其他不談，人都想要與其他人之間存在有意義的連結感。如果要說我們生活的這個世界現在需要什麼東西，就是這個了。

學會提問力、思考力

這本書是來幫忙的。我會在第一部分探討為什麼我們通常都這麼拙於問出好問題。是什麼東西讓我們想要什麼都不問？為何僅是提問這麼件小事也可以那麼難、那麼尷尬或令人退避三舍？

接下來的四個部分中，我們就要來親力親為。在第二部分，你會練習到這個方法的核心，也就是問出好問題的起點以及其哲學：培養蘇格拉底式的提問態度。

第三部分會讓你學到幾項非常有用的技巧，可以建立讓你問出好問題、有深度的問題並隨之推進的條件。你會鍛鍊自己專注、單純聆聽的能力。你會開始思考語言的重要性，同時，講到追求精闢的提問方式，我們也可以從神探福爾摩斯身上學習一點經驗。

第四部分的重點放在技術性的撇步和技巧。你可以學到讓你問出清楚、完整、有深度的問題的技術，學到如何利用「回聲問題」，以及為何這個方法這麼有用、如何辨識以及閃避問問題時的陷阱。

最後，在第五部分我們就要來看看下一個階段：你問了一個好問題，然後呢？該是開始對話的時候了。關於這件事，也還有很多可以說的。你要如何讓對話趣味盎然？你要如何在運用實用哲學的角度提問之後，讓你們兩個人都覺得自己變得多了點智慧？

Part 1

為什麼我們都這麼拙於問出好問題？

難道現在已經沒有對知識的自負，沒有那種可恥的自大了嗎？

——蘇格拉底

所以問題究竟是什麼？

我們真的這麼不擅長問出好問題嗎？

如果真的是這樣，怎麼走到這一步的？

還有，更重要的問題是，我們還有救嗎？

我們在這一部分就來看看：

所謂的問題到底是什麼？

我們為何要逃避問問題？

真的要問問題的時候，

為什麼又常常都是一些不怎麼樣的問題？

「我一天到晚在問問題，是有什麼好學的？」

我熱愛我的工作。每次在派對上，或是在一些與其他人建立關係的場合，只要有人問我從事什麼職業，我都會口若懸河、滔滔不絕：「我利用哲學方法，幫助別人問出更好的問題。我舉辦研習、課程、擔任個人教練，讓人了解自己的思緒過程，以及——」通常講到這裡，就會有人打斷。「你教人問問題？問問題有什麼難的？我整天都在問問題啊，要問問題為什麼還要上課？」

我心裡有一小部分想要賣弄一下，想要指出眼前這情況有多諷刺：一個認為問問題這件事並不需要他人協助的人，正巧就問出了一連串有引導性、花稍虛無且完全與開放性和好奇心大相逕庭的問題，都是難以視為真誠提問的問題。可是我沒有這麼做，而是將這樣的情況拿來提醒自己，講到如何提出真正的好問題這件事，還有多少人需要幫助，我們還有多少學習空間。

當然，這位派對上的朋友沒有錯。我們的確是整天都在問問題，或者說，至少我們認為如此。就算你深信自己整天都在問問題，且應該也很擅長此事，然而事實通常有極大落差。實際上，你每次提問大概都只是在傳達一個帶問號的句子罷了。要做到這件事，的確不需要上課。另一件我們整天都在做的事情，就是呼吸，但是好幾項研究都顯示其實人並不太擅長此事：大多數人的呼吸都太急促而淺短。問問題也是類似的狀況，我們潛意識的習慣會讓自己走偏。

我們的社會整體來說，並沒有將問問題這件事掌握得很好。一般人太常想到什麼就問什麼，這些問題往往不完整、帶有暗示性、花稍虛無、不合時宜，或者根本不是問題的問題。「你不覺得湯姆最近很易怒嗎？」「我怎麼會想換方法做啊？」「你這次又有什麼藉口？」「你不覺得麥可變胖了嗎？」「你覺得安娜不來是不是因為她會怕？還是她在生氣，還是說她……？」

每當有人拿問題或困境找上門來，我們通常不是先問他們發生了什麼事，而是立刻跳進解決問題的模式。「你有跟她談過嗎？」「我的諮商師很有用，對你一定也會有幫助的！」不然就是用建議把對方淹沒。「你知道你該怎麼做嗎？你應該……」「你現在應該要聯絡這些人。」或是會用自己的經驗來蓋過對方的事件。「我也遇過一樣的事！不過我那次比較……」

我們通常會寧可讓對方相信我們知道自己在說什麼，而不是仔細檢視對方的觀點。一聽到他們的故事，馬上就先跟自己的生活建立連結，而不是把注意力放在對方想要告訴我們的事件上。我們的思緒早已往前衝，思考等對方說完後，自己要回答什麼話：「對，但是這情況我有完全不同的見解……」其實我們大可把時間花在好好地聆聽。

好消息是：「問出正確的問題」是一項可以習得的能力。問問題的能力也許是天生具備，但也是一個可以熟能生巧的技能。其實跟跳高有點像：理論上這是幾乎所有人類小時候都能做到的事，不過要是認真思考方法，鍛鍊這個天生的能力，就能表現得更好。

「問題」就像是工具。用得對，就能讓你進入深度思考的討論，探索對方的觀點。你可以是一把細小的鑷子，或是粗重的鑽頭；可以低調如砂紙，或跟撬棍一樣直截了當。就跟使用工具的時候一樣，結果會隨著用法改變。我可以用鑿子在大石頭上一點一點雕刻出藝術品，但是如果我做過頭，在錯誤的方向施力過度，可能就會不小心把雕像的頭鑿斷。我也可以拿砂紙把整個表面都打磨光滑，但是如果我的施壓力道不夠，就看不出什麼改變。問問題也是這樣：透過技巧、有了目的，就能更有效益。

從純然的好奇心中產生的問題，就是往對方踏出去的第一步。透過問出那樣的問題，你就像是在說：我希望能夠更接近一點、更了解你一點。這麼做必然會有風險，也會造成一點壓力。畢竟，對方很可能會直接叫你滾。這也是為何人會對於問出好問題這件事這麼猶豫的原因之一。

到底什麼是「問題」？

大家應該要花點時間想想何謂問題，更重要的是去想想，什麼東西不是問題？我們可以不假思索地假定大家都知道「問題」的意思，但是仔細想想，許多人問的問題其實根本都不是問題。

而是假裝成問題的聲明、預想或假設。「你不覺得艾莉絲說得對嗎？」「你是想暗示……嗎？」「班說得有道理，不是嗎？」這些其實更像是打包在問題裡的意見，或者是一些需要被快速確認一下的假說。白紙黑字呈現的時候，也許就很清楚了。「哎，那當然不是真的問題啊！大家都看得出來！」但是從現在開始，仔細去聽，你會開始發現我們每天問的這些問題，其中有多少其實跟真誠的提問完全相反。

牛津英文字典對「問題」的定義是「語句的用詞或傳達的意思能從一個人身上引導出資訊」。雖然這個定義完全可以拿來解釋何謂問題——我可沒打算跟牛津英文字典作對啊！——卻沒有進一步提及這樣的語句可以怎樣操弄、語句背後的目的或對他人會產生的效果。從實用哲學的背景以及我們的重點，也就是如何問好問題這點來看，我做出了以下定義：

一個問題，就是一封邀請函。邀請對方思考、解釋、去蕪存菁、深入鑽研、提供資訊、調查、建立連結。

- 一個好的問題的建構會很清楚，具備開放、好奇的態度。
- 一個好的問題會把焦點留在對方和他們訴說的故事上頭。
- 一個好的問題會讓人開始思考。

• 一個好的問題會為接收的那一方消除干擾、帶來新的領悟或新視角。
• 一個好的問題，目的不是要給出建議、檢視假說、強加觀點、分享意見、提出建議或讓對方感覺到被批評或受困。

最後一點尤為重要。雖然這之中的差異似乎非常顯而易見，我們每天問的問題卻多落在這些範圍之外。我們都太常無意間、甚至在根本沒有意識到的情況下，問出以自我為中心的問題。從自己的恐懼、感覺、想法、偏見和需求去問。不自覺地用自己的問題投射這些東西到其他人的故事上。換句話說，我們問問題都只是要讓自己安心，而不是真的進一步詢問對方說話的內容。

就好像你跟摯友說自己和另一半大吵一架的事之後，他卻問你：「你想要離開他嗎？」或者像同事聽完你說去托斯卡尼的度假經驗後回你：「連續一個禮拜都是義大利麵和披薩，你不膩嗎？」還有聽完你說擔心母親健康每況愈下的事情之後，那個朋友回答你，「所以你去照顧她了嗎？會很辛苦喔。我自己這樣做過一段日子……」

所謂的爛問題並不存在？

你可能常聽到有人說爛問題不存在，概括來看，這樣的說法並不是全盤錯誤。通常這種問題會讓人毫無保留地高談闊論，這當然是好事，問題本來就不該憋在心裡。然而，很多立意良善的問題卻被用乏善可陳的言語架構而成。即便問題背後的意圖很實際，問問題的人的動機也無可挑剔，問題本身卻可能會完全錯過重點。王爾德曾寫下這樣的文字，「書無所謂道德或不道德，只有寫得好或寫得差的分別。」問問題也是這樣。世上沒有天生的好問題或爛問題，但是絕對有組織得好的問題跟組織得不好的問題，還有用得好或用得不好的問題。

我在這本書裡說到的「好的問題」，意思一定都是指誠懇、真摯，能夠鼓勵他人思考的問題。在問這些問題的時候，目的都不是想要出力影響或改變事物的方向。沒有想要修復問題點或強加自己思考方式的意圖。一個好的問題一看就知道在問的情境中能夠產生作用，並符合其目的。

在這裡如果舉出確切的例子就失焦了：在某一個情境中能夠擊中目標的問題，在另一個情境中可能完全偏離核心。這次適合的做法，下次可能就行不通。在這場對話中的意圖與另一場對話的意圖各不相同，這也會決定問題的效益。我一次又一次地重新印證我自己下的定義：一個問題，就是一封邀請函。

有深度的對話是由什麼東西構成的？

在這本書裡面，我會跟各位談談有深度的對話：有真的內涵的對話，能夠觸及核心的對話。花點時間去思考一場好的、有深度的對話要包含什麼東西是值得的。一場好的對話不會乏善可陳，也不是只有一邊不斷訴說而已。好的對話不僅是兩個人各自把自己的意見列出來、交換奇聞軼事、閒聊，不是兩段獨白的重疊，或同時喋喋不休。

有深度的對話包含去探索另一人的經驗，進一步檢視想法、概念，和其中可以探討的問題，尤其是關於人性的觀念。把焦點放在另一人的經驗上這件事說易行難，若沒有刻意為之，我們很可能會變成太過熱情地分享自己的故事、經驗或觀點，忘了應該要先去深入了解另一人。一段有深度的談話應該是一種能夠激勵人且能共同進行的過程，讓兩人合力追求智慧。

雖然是一片好意，但我親愛的老奶奶聽到我扭傷腳的消息後說的話就沒有及格。「噢，小可憐，太慘了吧。格雷塔的姪女去年也是這樣。三個禮拜的時間直接作廢，沒辦法開車，沒辦法走路——完全一無是處。糟透了！真的是糟糕透頂！」

為什麼好的問題得來不易？

要改善問問題的能力，先明白自己為何不太擅長此事很重要。如果我想要當一個優秀的辯論家，我最好勤加練習。但是光只是練習並不能讓我達成目標，我還需要認識辯論中的陷阱，並且透過學會如何進行辯論以及建立強而有力的論點來掌握理論的內容。要成為一名更優秀的廚師，我得在廚房裡好好練習，了解如何結合不同的風味、氣味、質地和材料，並且研究為什麼使用某些組合、工具和技巧，得到的效果特別好。曾經親眼目睹自己做的巧克力舒芙蕾在烤箱裡烤到塌陷的人就會知道，認識陷阱、摸清可能會導致失敗的元素，有時候是最好的起點。

所以說，在我們開始練習「如何」問出好問題之前，要先停下來思考一下，為什麼好問題這麼難出現。一旦理解了為什麼大家常常在這個地方失敗，你就會發現自己也經常做出這些經典錯誤提問。光是認知到這點，就能讓你對於自己問問題的能力更加留心，也能幫助你閃避陷阱。不僅如此，很快地，你也會開始更注意身邊的日常對話與媒體傳播的內容，進而辨識許多在你要問出好問題的時候，可以和不可以做的事。

我在這本書的寫作過程中，蒐集了許多意見回饋，進行採訪，問了各式各樣的問題。最重要的兩點分別為「是什麼東西讓你不願意問問題？」以及「你覺得一般人為什麼會不想問問題？」

透過我自己的研究、經驗、發現和結論，我把答案統整起來，整理出人無法問出好問題的六大原因：

1. 人類天性：談論自己的感覺比問問題好多了。
2. 害怕提問：提問有的時候是一種很恐怖的處境。
3. 得分點：發表意見比提出問題更能令人印象深刻。
4. 缺乏客觀性：我們的客觀推理能力日漸衰退。
5. 沒有耐性：我們認為問好問題只是在浪費時間。
6. 能力不足：沒有人教過我們怎麼做。

原因一：人類天性

我們單純是太過自私，無法問出好問題

這點不太正面，但卻是事實：人通常都太過於自我中心，導致無法問出好問題。要問出好問題，代表我們要願意走進他人的世界，去探索他們的想法和經歷。而通常我們都覺得別人的世界沒我們自己的有意思。我們關心的是自己的想法、自己的觀點、自己的認同、自己的故事。許多對話中的線索顯示我們缺乏提問的意願，也暴露我們將焦點放在自己身上的習慣。

打斷他人、喋喋不休、重複自己的觀點

有些人真的非常擅長此道：先是邀請你談話，結果過沒幾秒就打斷你，開始滔滔不絕地講自己的事。

「你的小島之旅如何啊？有什麼好玩的嗎？」

「有啊，我們去參加了很棒的音樂節。還有一條自行車道可以沿著海岸騎，然後——」

「喔，傑克和我幾年前也去了那個音樂節，好像是我們剛開始一起旅行的其中一次，超愛的。但是晚上有夠冷，都快結冰了！我們那次沒想到要帶保暖的外套，畢竟那時候可是六月吔，是能有多冷？總之我們算是繳了一次學費吧，切身體驗了那地方的天氣……」

我們都知道這就是扼殺一段對話的不二法則。我從沒聽過誰會說，「他們真的是很不錯的夥伴，我實在很喜歡每次我一開口，他們就打斷我。還有他們滔滔不絕、喋喋不休地重複自己的觀點……真的是超棒的！我太愛他們了！」

然而儘管這種行為的惱人是如此明顯，我們卻很少停下來思考此舉到底是從何而來。這就是沒有在聽人說話的症狀。你一打斷的那個當下，就是放棄去了解對方的機會，變得只想說自己想說的話。而且隨著你滔滔不絕地說，等於是直接接手了整場對話，讓其他人無法加入、進行交談。一遍遍重複自己的想法，你只顯示出自己多麼不在乎對方的觀點。

對方還在說話的時候，就開始想自己要說什麼

有時候對方話都還沒說完，你已經在想自己要說什麼了。「我想先從他們說的那點下手，因

為我不太同意那一點，我自己針對這方面有幾個想法一定要提出來，以免忘記，因為大家都應該要知道我在這個議題上的立場是什麼。」

這就是另一個例子，顯示你已經閃神，頂多就只有一半心力在聽對方說話。你忙著想自己，而不是與他人互動。不是只有你會這樣！我們常常只聽對方講了兩句，思緒就開始瘋狂運轉，想要找到自己的意見、經驗和想法。

安娜：我今天辭職了。過程非常緊繃，但是我覺得自己能這麼勇敢，還滿厲害的。我花了幾天時間鼓起勇氣，最後大步走進主管辦公室對她說出口。

瓦特：你接下來已經都計畫好了嗎？

安娜：沒，還沒有，可是……

瓦特：要問我的話，我覺得這樣做不是很明智。我覺得何苦讓自己在下一步都不知道在哪裡的情況下就這樣拋開手中的一切。我實在覺得這樣不是很聰明，特別是現在這時候，狀況這麼不明。

安娜：也沒那麼糟啦。我先把優劣都比較過才下決定，而且也花了一點時間好好想想什麼東西對我來說比較重要。

就坦白說吧，這段過程根本沒有真正的對話。很多對話講到最後都變得只是在兩個獨白之間切換罷了。而且，兩個獨白之間切換不能算是對話。不算。

反射性的協助與建議

在對話中面對他人的問題的時候，許多人都表現得像是看見紅布的鬥牛：他們會往問題點直奔而去。不是帶著能夠讓人看清問題點的問句，而是帶著指導方針、協助和建議。

「你知道你應該怎麼做嗎？拿起電話，然後這樣那樣。你有沒有試過……？」

這樣做雖然情操可貴，但是也證明了某種程度的自我中心態度：回應的人最在乎的是「解決」和「修復」，可是他們大可先聆聽、嘗試了解問題並且詢問對話的對象一些與心態、動機和經歷相關的問題。畢竟忠告內容主要還是跟給出忠告的人有關，與分享問題或困境的那個人關聯性很小。雖然我們的目的通常都是提供協助或建議，對方很有可能對於所謂的「幫助」並沒有興趣。

本書之後會在第二部分討論到在這些情況中，想要給建議的那股衝動不見得會照我們本來以為的那樣發揮作用的原因。我們要來用更深入的角度看看不同的同理心，了解即便我們覺得這是最好的解決辦法或是回應，實則不然的原因。

寫了一本書來探討這件事的心理學家胡布・比伊森針對這點這樣說過：

> 我們常常等不及要給別人建議，覺得對方就是希望我們這樣做，畢竟他們把自己的問題拿來找我了，所以一定是希望能得到解決之道吧。而且提供協助的感覺很好，讓我們得到快樂、提高自信。但是不論你有多想要針對對方的問題提供一個解決之道，你都應該要抗拒這個誘惑。

給予建議、提供幫助或是分享自己經驗的傾向或反射反應，可能會讓你產生愉快的感覺，卻也是阻止我們問出好問題的關鍵因素之一。到頭來，最好還是讓對方去尋找答案，找到一個符合他們內心價值觀和人生真諦的答案。有時候要認清大小事沒那麼容易，你需要其他人的力量。不是找一個滿腦子善意建議的人，而是要一個能問出正確問題的人——一個能讓你的思緒更清晰的人。

我也是！（只是更慘）

有些人就是擅長綁架整個對話。你剛從馬爾地夫度假回來，迫不及待想要跟人分享。你深吸了一口氣，準備告訴他們你在度假的時候做了什麼事、看到什麼景致，結果有人熱烈地殺進來搶走整段對話：「噢，馬爾地夫，我們蜜月就是去那裡！風景超美的！我們去了好幾個島，然後……」

交談的時候最令人挫敗的莫過於有人把你的發言機會整盤端走，開始口若懸河、滔滔不絕地說自己的經驗。有時候這種人還會跟你「單挑」：「馬爾地夫？哎，那沒什麼！我們結婚的時候跑去環遊了半個世界。從智利到哥斯大黎加還有古巴都去了。真的是前所未有的體驗！」

這例子也一樣，通往對話地獄的路，往往是用好意鋪成的。我們不小心打開了「自我反射」，想讓其他人知道我們懂他們的熱切情緒，並且迫不及待地分享自己的類似經驗來佐證。這麼做的目標是想要建立一種連結，讓對方知道我們跟他們頻率一樣。最後的結果卻全然相反：失望、厭煩，對方可能會直接放棄整段對話。

總結來說，我們很常因為自己的對話反射反應，導致無法提出問題。每次有人想找我們聊一聊，傾吐心中困擾或是問問題，我們都太想給建議、太想出手相助或是把自己類似經驗拿來分享。比起眼前交談的人，我們還比較在乎自己。我們心裡想要跟他們建立連結、讓他們相信我們跟他站在同一邊，過程中我們卯足了全力。諷刺的是，我們的行為卻代表對方一點都不會看見或聽出來這點，且極有可能變得不感興趣。最糟的情況是對方下次要找人談話的時候，不見得會想要找我們了。

問問題感覺沒那麼好——大聊自己好多了

我們總是在交談中先拋出自己的觀點，就算還有人在講話，我們也一直想著自己，這點應該沒有人會覺得很意外了吧？事實上，此舉背後有個非常合乎邏輯的解釋：因為這樣做感覺很好啊！是說真的感覺很好，不是比喻。

研究顯示我們大概有六成的時間在講自己的事。如果去看看我們在社交媒體上的互動——例如Twitter或Facebook——這個數字會飆升到八成。感覺上我們在這世上最喜歡做的事情莫過於告訴全世界，什麼東西讓我們心煩、鬱悶或開心。我們津津樂道地講述自己的成就，鉅細靡遺地表達怨氣。

從頭到尾就讓自己當那個主角：我、我本人、我自己。

針對這點，也有非常有說服力的生物學道理可以解釋：研究顯示，談論自己——腦袋在想的事、分享個人資訊——會讓大腦分泌多巴胺，這種化學物質會給人一種美妙的陶醉感。

哈佛大學的科學家針對這個現象做了研究。在一項利用功能性磁振造影進行的實驗中，科學家邀請一百九十五名受試者談論自己與他人的觀念和性格特徵。接著科學家比對了受試者在談論自己（著重在自身上的事項），以及談論他人（著重在他人身上的事項）時的神經活動表現。

大腦中有三個區域表現特別明顯。實驗結果如預期，也符合早先的研究結果，自我揭露（談論自己）的時候，內側前額葉皮質有明顯的活動跡象，通常在想自己的事情的時候，腦部活動都會出現在這個位置。不過，在這項實驗中，大腦的另外兩個區域也有動靜——分別是依核和腹側蓋（膜）區，這兩個位置在此之前從未與這類思緒有關聯。這兩個區域都是中腦多巴胺系統的一部分，這個系統連結的感受，是像性愛、古柯鹼或美食這類刺激來源所產生的獎勵回應和歡欣感。

你談論自己的時候，這些系統會啟動，證明了自我揭露、分享自己的故事和談論自己，本質上跟性愛、嗑藥或暴食一樣愉快。這也解釋了為何人天生都喜歡多講一點自己的事，就算其他主題再怎麼有趣也比不上。談論自己這件事——本質上來講——就是比較愉快。除此之外，比起問問題，談論自己還會給你其他更直接的好處（想想美好的多巴胺快感！）。

蘇格拉底認為，我們自己的故事其實沒那麼有趣。對他來說，真正強勁、有豐富內容的對話，存在於其他人的思緒中、存在於探索其他信念和事件的過程中。想要變得有智慧，需要的是共同努力。你要找的新觀點，就在其他人的思緒中。

在我求學時期，一位哲學教授曾經在課堂上將「意見」和「概念」做了很有意思的分辨。他提到，「意見」一定屬於某人，「意見」是我們自己的觀點。如果意見被質疑，感覺就像是質疑我們本身，儘管這個等式是間接的也一樣。而「概念」則不屬於任何人。「概念」就是「概念」，是開放討論的東西。你可以質疑「概念」，挑戰它、反覆琢磨。你交換「概念」的時候，就會進入一段平等基礎上建立的對話。你們會交換見解，提出疑問，一起變得更有智慧。

問問自己：

- 認識了對話中的陷阱，有哪些是你曾經看過出現在自己身上的呢？你是不是總是想要給予建議？是不是想要聊自己的事？
- 下次，試試看多加留意：出手相助、給予建議，還有接管整個對話這些舉動，對你們的交談以及你交談的對象產生了什麼影響。是生氣盎然還是變得氣餒？
- 你在跟別人說話的時候，如果有人跳進來擅自給予建議，你會有什麼感覺？
- 如果有人把他們自己的經驗拿來跟你的比較，你會有什麼感覺？

原因二：害怕提問

問題很恐怖

我採訪大家對於問問題的看法時，我問的其中一個問題是「是什麼原因讓你決定不要發問？」應該所有人都會對我收到的答案有同感。

每當要提問的時候，我們都很害怕以下三件事：

1. 讓對方不自在。
2. 我們可能會感覺到的那股痛苦和不安。
3. 衝突、爭執和各種不悅。

我記得有一次聽安・內恩斯的Podcast，她問接受採訪的作家簡・格爾茨目前身處幾段戀情中。這問題看起來很奇怪，其實不然：她知道格爾茨並不在意一夫一妻制，有時候會同一時間身處多段感情關係中。然而格爾茨認為「問題太過私人」而拒答，當場讓安羞愧不已。可是她也深信自己的聽眾會對這個答案很有興趣，畢竟這整段採訪內容都是以感情關係、愛情、衝突、一夫一妻制和相關的主題為中心。

席格麗德・范・艾爾索是個說故事的人，也是個訪談人，她很了解人在提問某些問題時的恐懼：

問問題最難的地方，就是預期對方會有什麼反應，還有擔心自己的問題會不會讓對方發窘。不然就是害怕自己提出了什麼對方覺得羞於面對的東西，或是問到太私人的事物。對我來說最讓我尷尬的問題，是那些問到某些敏感處的問題。面對一名明顯身障的男子，問他現在還能做什麼、不能再做什麼或錯過了什麼，可以嗎？我敢不敢問一名幾乎無法讀寫的女子想不想看一下我們的訪談文字稿呢？因爲她可以算是文盲了吧？最後我還是問了，但是感覺很不自在。而那種不舒服的感覺，與其說是「她覺得」，其實更多是在「我自己」身上。她早就克服了自己有語言障礙的羞愧感。問敏感問題，一直是非常艱難的一個環節。我們會把自己的羞愧感投射到對方身上，擔心他們會覺得這個題目讓人太不舒服或者太直接。這裡表現出來的，是我們自己的敏感。我知道如果我誤判狀況，一定會非常自責，結果我就沒問問題了。然而這樣的反應也讓我覺得自己錯失了機會。

席格麗德的這番話一針見血。我們不敢問那些雖然切入重點，但可能引發尷尬、讓人不舒服的問題。然而這些問題往往能夠建立真誠的連結，因為生命中真正重要的事物有太多都在那個敏感話題的範圍中。我們太常馬上斷定對方會不想回答某些問題。

你的不舒服——或者對問題的懼怕——可能是壓抑特定問題的原因之一。在人生的重大事件中，例如生死與疾病，有些問題太痛苦或太私人，不能碰觸。這些事可能讓你想要避重就輕、忍下問題。談論像是癌症或是喪親之痛的話題，在你剛失去某個至親或剛收到不樂觀的診斷結果時，帶來的感受可能大不相同。當然，這一點都不奇怪。你如果覺得自己不夠勇敢，沒辦法在這樣的情況下問出那些問題，害怕一旦開口問了，就會牽動自己的痛苦、不舒服，甚至淚水，這很合理。

大約八年前，在我開始尋找哲學提問法之前，我因為害怕而避免問私人問題，得到一次非常切身的教訓。當時我是一名訓馬師，也是騎術教練，卡羅琳是我的學生之一，她是個討人喜歡的女孩，我跟她相處起來很愉快。她有一匹美麗的母馬，沒有受過訓練，我們兩人便開始訓練牠。我們幾乎每週會見面一次，但有一陣子我都沒有她的消息。整個夏天都過完了，她才傳訊息告訴我，她的父親在兩個月前驟逝，所以她沒有跟我聯絡。我當然馬上跟她致哀，希望她一切都好。然而在幾個禮拜後見面時，我不敢提起她的父親。

我覺得要提起這個話題實在太彆扭、太不舒服了，所以我告訴自己，卡羅琳應該會更希望能夠把重點放在訓練馬匹上面，而不是重提傷心事。後來她告訴我，我沒有問她關於她父親的事情，讓她很難過。因為我們相處得這麼好，她想要跟我分享她的感受，卻發現我絲毫沒有興趣知道。那天，我學到非常重要的一課：絕對不要讓自己的不自在和痛苦幫我決定到底要不要問問題。

最好不要節外生枝

比起不同意，同意比較安全。意見的差異很恐怖。伴隨而來的是怕被拒絕、怕被排擠。被群體迴避，不論原因，是每個人都不想見到的情況。而偏離主流的意見，是造成此情況的主要原因之一。這也是為何講到自己的信念，大家都傾向退一步。

我的其中一門「批判思考」課程中，有一名年輕女性對此情況做了完美的描述：「有人問我意見的時候，我通常都會等著看。我會仔細聆聽，看看其他人有什麼看法。我總是要等到知道其他人怎麼想，才敢讓自己的想法成形。」

沒多久，就算那些意見你根本不認同，你也會開始隨波逐流。一天都過完了才坐在沙發上，氣自己為什麼不把真正的想法說出來。

群體中的氣氛，基本上來說，只有在所有人都互相認同的時候才會是最好的。因為我們不想在慶祝生日的時候面紅耳赤地爭辯，所以會無意識地透過問一些「溫和」且安全的問題，來強化那股團結一致的和諧氛圍，因為需要和諧、需要肯定自我價值觀和信念，導致我們不論自己身在何種群體中，提出來的問題，都會引導對方說出普世可接受的答案。這是一種嘗試讓一切維持友善狀態的行為。

問出與種族、政治、宗教信仰、#MeToo或氣候變遷危機有關的問題，同樣也會有風險。這些主題裡頭的情緒、個人經驗、政治觀點和私人立場可說是波濤洶湧。一段交談的起點，可能是一個完全無害的題目，比方某人讀到的某篇文章，然而突然之間，討論就開始升溫了。接下來，激動的爭辯可能會發展成真正的吵架，你承受的就是這種風險。這吵架還有可能演變成甩門、破口大罵一些之後會後悔的話，甚至更糟的狀況：沉默。漫長，長久的沉默。

我認為我們要能夠參與這種艱難的談話，這點很重要。我會在這本書裡協助你建立問問題和交談的技巧，這麼一來，等到敏感話題出現的時候，你就會知道要怎麼用冷靜、深思熟慮且心胸開放的蘇格拉底風格來討論這些話題。

問好的問題——開放、真誠、好奇的問題——就像是放手一搏：你先架構一個問題，一個誠摯的問題。把這個問題送進這個世界，然後等。不要先填入任何內容，不要希望收到特定回應，也不要植入建議。不要把問題用自己的意見和經驗包裝起來，不要同意或不同意其他人的答案。沒錯，其他人的確可能不同意你的說法，而你正在進行的這段友善交談將會陷入尷尬，急轉直下。

問一個問題，可能會讓別人失去平衡，讓對話氣氛變得僵硬。你可能會覺得很羞愧，因為你問了「沒禮貌」的問題，或者因為讓別人不自在而產生罪惡感。但是如果我們用不同的方式處理這些問題，就不需要覺得有罪惡感或羞愧。

雖然並非本意，我們，也就是這個社會，常常讓自己身陷棘手的狀況：我們常常會把自己的不自在怪到問問題的人身上。

我們會對孩子們說：「你不可以那樣問！」我們把某些問題貼上了「不恰當」「不禮貌」或「太私人」的標籤。或者用簡短的答案搪塞別人，並且說「問那種事不太好」。如果你拿著那個前衛但真誠的問題去問人，你就冒著因為問題被批判的風險。最後造成的羞愧感，沒有人想要親身經驗，更別說重蹈覆轍。所以我們會跳過那些可能會挖得更深一點、讓人脫離舒適圈的問題。而那正是可以維持好的對話、真誠連結的問題。我們建立了一種問問題的文化，大家都寧可不要問好問題，也不要冒被指摘的風險：我們建立了不提問的文化。

這是一種怪異的矛盾現象。在我們因為自己的信念、因為自己敏感，或怕被否定以及怕造成負面感受，所以不敢問問題的時候，就只剩下一個選項：開始自己假定。我們用自己的親身經歷來替其他人填入答案。我們決定對方一定是這樣想的、一定這樣覺得。不然還能怎麼樣？畢竟，如果你不讓自己問切題的問題，就沒有太多東西可以運用了。

問問自己：

・你哪時候會不提問？你怕的是什麼？怕讓對方不自在嗎？是你自己的恐懼？還是說你怕引發衝突或爭執？

・你是否曾經把很想問的問題吞回肚子裡？你記得當時是怎麼做出那個決定的嗎？

・你哪時候覺得自己知道對方一定是在想什麼，或是有什麼感覺？你哪時候未經確認就自己做出假設？你有明確的例子嗎？

・你是不是曾經為了控制對話內容，刻意調整問題的遣詞用句？你是怎麼注意到自己在那樣做的？

原因三：得分點

有個想法的感覺好過提出疑問

我們有時候會在想問問題的時候又不太想要提問，其中一個原因是問問題這件事本質就不會讓人刮目相看。問問題的意思表示你對答案感到好奇，表示你想要知道，也就代表了你有所不知——至少還不知道。也許是覺得你的問題暗示你還有所遲疑，而有所遲疑感覺上既不酷也不性感。有所遲疑不會讓你加分，在履歷上看起來也不漂亮。有所遲疑是吸引力的相反。如果總是忙著問問題，你就不能享受他人的掌聲，沒有機會在眾人面前接受祝賀與讚美。沒辦法讓你鶴立雞群，不能讓你評價更好或是被升官。招募消息裡很少會找「有技巧的質疑者，能夠問出有品質的問題，尤其擅長暫時不做出評斷」的人。現今世界裡更常見的是要找與上述完全相反的人：領導者、決策者、能夠激發其他人，且能控制局面的人、使命必達的人、了解自己的思緒，並且能充滿自信地表述的人。

寫這本書的時候，其中一件我想弄清楚的事情就是「為何一個人總是在想要問問題的時候卻步？」其中一名受訪者回答我，「問問題就顯露出你有東西不明白。我常常注意到其他人會因為這個原因而不問問題。顯然大家都寧可繼續無知，也不想要讓自己顯得愚笨。」

我們都太常將「不知道」與「是笨蛋」連結在一起。

布芮尼・布朗在《做自己就好》中寫道：

> 過去這一年中，每一次有人拿問題來問我的時候，我都一定會加入自己的意見。即便我對那件事的了解不多，無法有什麼特別的見地，甚至連聊都不見得聊得了（後略）。在這種追求融入的文化中——在家、在職場，或是在更大的社群之中——好奇心被視為軟弱，問問題等於跟人作對，而不是被視為想要學習。

把「不懂」或「遲疑」貼上劣等的標籤，就是用亂吐無知的想法來取代問出好問題的第一步。為了要掩飾自己的不確定，我們就試圖把茶餘飯後的閒聊當作經過深思熟慮的分析。為了避免被當成滿心疑問的傻子，於是我們假裝知道自己在講什麼。

問問題的人、會遲疑的人，就是不確定。不確定的人不值得我們花時間。為了要表顯出有能力的樣子，我們喜歡把自己的觀點當作事實來呈現。

在荷蘭影視圈中受人尊崇的珍妮・艾布林，是最受歡迎且最有影響力的諷刺時事節目《週日盧巴赫》（Sanday with Labach）背後的推手。這檔節目上播放了一段給當初剛上任的美國總統川普的「訊息短片」——《美國第一，荷蘭第二》，該影片在網路上爆紅，節目也在國際間掀起討論。

有了這樣的成績，珍妮．艾布林對荷蘭版的新聞問答節目《新聞駕到》（Have I Got News For You）來說，簡直是最合適的來賓人選。在《新聞駕到》錄影過程中，珍妮解釋道，其實自己對任何議題都沒有專屬於自己的觀點，主持人聞言問她，「那你來做什麼呢？」其他成員，以及喜劇演員彼得．潘科克也都用她這番發言挑戰她。「可是你做《週日盧巴赫》吔，這個節目對所有議題都有自己的見解。」

珍妮答道：「沒錯，但是在製作節目的時候，我們會花很多時間才做出結論。我很重視這點。」

其他人聽了紛紛開起玩笑，像是說，「不如這樣：大家都去上個廁所，讓你好好想一下自己的意見。」

後來珍妮接受荷蘭一家報社《國民日報》採訪的時候說起這次經驗：

我從來不會對任何事物有任何立即的意見。我常常會質疑自己。那次在新聞問答節目上，主持人對此很不高興。他問我對於民粹政治人物希爾里．鮑德的看法，很顯然大家都期待我給出一語中的的評論——畢竟怎麼樣也是在錄製電視節目啊——但是我只要被推到那樣的情境中，腦袋就會卡住，我只說得出：「噢，呃，給我一點時間，因爲我一方面是這樣想的……呃……」那位主持人一度翻臉道：「你到底知不知道自己對其他東西的想法啊？」眞的是一次很不舒服的經驗。

那位問答節目主持人那麼沒耐性，實在不可理喻。為了追求融入群體而有話就說，或者賣弄小聰明，這樣的行為已經深入我們的文化中，幾乎可說已經成為參加公開辯論的先決條件。用最強勢的語氣去強調自己的觀念，比起質疑或沉默還要討喜無限倍。然而，我們應該也要想想，這麼做到底對社會有什麼具體好處。改變自己的想法被視為軟弱的表現，然而「敏捷視角」的精髓正是能夠改變自己的想法。

我們不喜歡培養質疑的態度。我們從以前就喜歡肯定、喜歡確立自己的立場。說起來，人類能夠興盛繁衍下來，的確也不是靠一顆質疑的心，不是靠沒有掌握現成、令人安心的事實。我們的大腦不太確定要怎麼處理開放式結局。而問題，特別是沒有答案的問題，正是開放式結局的一種。電視連續劇能這麼受歡迎，原因就是人類想要解決緊張感的這個天性。要讓觀眾一直追下去，最好的方法就是在每一集的尾聲把賭注抬到最高點，讓最後一幕就停在一切都沒有半點確定性的那一刻。那個英雄能夠拯救一切嗎？那個年輕的陌生人真的是她失散多年的兒子嗎？影視串流服務就用這個法則，透過沒有回答的問題和開放式結局賺入了大筆收入，因為我們都想要看見塵埃落定才滿意。

在古早狩獵採集的時代，人類要躲在樹叢裡，手舉的長矛前端綁上了打磨尖銳的石頭，等著突襲野生動物，那時候的人追求的就是立即的解答。像是知道去哪裡可以馬上找到食物，還有獵殺、處理獵物的技巧，這些對於人類的存亡影響很大。史前人類為了存亡努力的時候，最不需要的就是「問題」。從這點看來，人類本來就沒有內建「不知道」這個觀點。人類似乎天生就設定成反應更快的狀態，而不是會花時間去反思問題或者探索重要的議題。

一聽到我問「現在幾點？」或「晚餐要吃什麼？」你就會開始尋找答案。大腦就是這樣運作的。它會搜尋重要資訊，在事實中建立連結，分析哪些可用、哪些不可用，然後往下一個階段邁進。針對日常生活的實用性來說，能快速回答問題，是一種非常有用的能力。但是我們也會把這種習慣用在一些比較大、沒辦法快速回答、不一定有明確答案的問題上。我該不該轉換跑道？如果離婚會過得比較快樂嗎？我是個好人嗎？

因為我們已經太習慣到處搜尋——然後一下子就找到答案，遇到比較大的人生困境時，這麼做就變成了一種反射動作。然而面對從根本產生的分歧意見、判斷或人生抉擇的時候，這種反射動作對我們可能反而沒有幫助。在這類情況中，有時候你只是需要面對「不知道」。

當個問問題的人——不要當意見領袖

源自人類對於「開口發表意見來讓自己加分」這件事的渴望，一種專業身分就這樣隨之崛起：意見領袖。意見領袖這種人會採納某一種觀點，然後登高疾呼，目的是鼓勵大家跟他用一樣的方式思考。他們用意見來互相轟炸，表現出來的內容經常十分僵化。「意見領袖」這個詞在我看來很古怪。感覺上這些人就像是其他人的提詞機，在大家沒有話好說的時候提供台詞。原來我們還需要有人幫忙提詞。難道我們已經忘了如何自主思考，不記得如何建立屬於自己的那種根基穩固、細膩入微的觀點了嗎？

意見領袖可以提供銳利的焦點，可以為我們的思緒打氣，讓我們看見事物的不同模樣。但是將兩個固執的觀點放在一起，這就是形成極化狀態的完美條件。所有細節都會被拋棄，只能失望地環顧四周，悄悄沒入陰影中。現成意見的角力也會讓我們變得懶惰：大家都只要放輕鬆，挑選自己喜歡的意見來用就好。只要另一個舌粲蓮花之人找到更好的方法來傳遞反方意見，我們大概也可以瞬間轉換陣營。就像是挑選新的夾克，我們會試穿一下這些意見，看看合不合適。也許其中有一絲我自己的意見或信念，但是主要的內容還是屬於其他人，他們把我該想的都先想過了。

考量到現今世界中，意見誕生在社會大眾面前的速度之快，大家已經沒有空間處理自己的思緒了。光只是泡杯茶的時間，可能就有一條全新的意見會闖進我們的大腦。荷蘭新聞媒體《特派員》創辦人勞勃・范文伯格簡潔地描述了人類把一切事物都以瘋狂高速推進的這個情況：「通常只要幾個小時的時間，一則新聞就會被一大票政治人物、意見領袖和記者評論給淹沒，實際上究竟發生了什麼事、是誰說了什麼話，很可能都還不確定。」

可以說出「我不知道」，並且在小心建構問題的時候保持沉默的這個能力，可能跟意見領袖大聲放送的看法一樣，都有存在的必要。

也許現在正是時候，可以將這個新的專業引進傳媒世界裡：提問者。樂於承認自己還不知道的人，更想問問題來幫助我們開發思考能力，而非想要架構出答案的人。提問者會產生許多思緒，這些思緒能讓人沉思與反省。提問者不會提出主張，而是用詢問的態度來探索議題。他們會提出讓你動腦袋的問題，提出邀請其他人加入對話的問題。問出能夠加深、釐清、開發新觀點的問題。

這些提問者可以在小組討論和談話節目中頻繁出席，他們可以寫假日副刊的專欄，純粹只是為了提供觀眾與讀者一些問題，像是提供腦袋食物一樣，他們確信好的問題可以讓事物動起來，而答案只會讓人停止思考。

在我的理想世界裡，愛聊天的談話節目主持人終於懂得運用飽含意義的沉默，讓他們的受訪者在開口前有機會好好地思考。他們學會保持安靜，並且把那些「根本不是問題的問題」吞回去。如果電視節目、報紙和有影響力的人都成了提問者，這個世界會是什麼模樣？也許我們就能避免一些衝突和打斷的情況，能找到空間容納艱難、有產值的對話。

有時哲學家能夠擔任這個角色，而從二〇一一年開始，荷蘭哲學界出現了這個身分，如同詩人被稱為桂冠詩人——他們是桂冠思考家。這個人積極地提供全國各種疑問、新的思考方式，這個人可以加深、加大那些高速產出的新聞的背景。而你不需要先有什麼哲學學位，才能成為桂冠哲學家、成為提問者。就我看來，這個世界需要更多提問者。

問問自己：

・你在自己身上是不是看過原因三的那些傾向？

・你是不是曾經為了讓人留下印象，在深思熟慮之前就把意見說出來？

・你能不能像珍妮・艾布林那樣勇敢說自己不知道，能不能不要對當天的熱議消息產生任何看法？

原因四：缺乏客觀性

客觀推導能力衰退

在一個「意見」跟「事實」一樣有價值的社會裡，客觀性就會自動消失在背景裡。這也是為什麼我們不再提問的原因之一，也說明了為什麼就算提問了也問不到重點。我們很喜歡堅持每個人都有權利堅信自己心裡的真相。「嗯，那是你的看法，你可以有你的看法。」或者說：「你有你的信念，我有我的信念。」這已經成了現今生活中，對於自己人生觀的一種捍衛方式：每個人有自己的觀點，每個觀點都應該要認真看待。

這種個人觀點被供奉在我們的意見中，會進一步建立我們的自我認同，成為我們不願意質疑的東西。更別提要保持彈性來審視自己的看法和意見。客觀性？呃……你再說一次？

哲學家丹・羅弗斯在接受荷蘭全國發行的日報《忠誠報》採訪時說：

> 大家都認爲自己所做的每一個評論、表達的每一個偏見都應該受到特別的保護。我認爲這是

一個很嚴重的誤解。言論自由是一種政治權利，給公民在與政府之間的關係中使用。不是給兒童用於與父母間的關係，也不是在公民之間互相使用。這樣的自由包含質問自己意見的意願，以及接受他人批評的意願。這就是公眾辯論的本質。

意見一旦產生，就很難擺脫，就算面對非常有力的論述也一樣。近期的研究顯示，面對反面意見的證據時，人會更加堅持自己的意見。

比利時佛拉蒙語區哲學家暨生物學家魯本・麥什在他的著作中，透過研究一連串的心理實驗結果，調查了背後的原因。這些心理實驗中包含紐約大學研究道德心理學的專家強納森・海特進行的實驗：

> 朱莉與馬克姊弟倆一起在法國旅行。兩人都在念大學，時值暑假期間。有天晚上，他們獨自在離海灘不遠處的小屋過夜。他們突發奇想，覺得試著跟對方做愛可能會很有趣。不論如何，至少對彼此來說都是一個新的體驗。朱莉已經吃了避孕藥，但是爲了以防萬一，馬克還是用了保險套。兩人都很享受其中，但是決定僅只這次就好。這個晚上發生的事，就當作兩人間一個特別的祕密，也讓他們覺得與對方的關係更加緊密了。

海特把這個情境分享給不同的對象，問他們對於朱莉和馬克的行為有什麼看法。所有人都不認同此舉，認為這是錯誤的行為，或認定兩人不道德，但是沒有人能夠提出有說服力的論點來支持自己的看法。客觀來說，兩人之間並未犯罪，也沒有近親繁殖的風險。姊弟兩人為合意性交，也沒有傷害他人。換句話說，受試者的信念並非建立在事實上，而是純粹的直覺反應。

透過這個例子以及其他範例，麥什說明了我們的直覺反應往往會壓制理性。人會繼續為自己的觀點、感受或信念辯護，即便事實和數據都與他們的判斷相左也一樣。「我們利用事實的方式，跟醉鬼使用路燈的方式一樣，」他寫道。「不把路燈拿來照明，只是拿來支撐。」我們總是想要證明自己是對的，所以在所有資訊中，只挑適合自己的觀點的資訊來用。「我們不會對現實提問，只會不斷折磨現實，直到現實吐出了我們想聽的話為止。」麥什寫道。

麥什在另一本著作中研究了一項使用功能性磁振造影進行的實驗，這個實驗藉此量測大腦的活動狀態，記錄我們有情緒反應的時候，大腦會發生什麼事。好，我們來想像一下三組受試者。第一組被呼了一巴掌。不意外，掃描結果會記錄到很強烈的情緒反應。第二組受試者遭受各種形式的辱罵。掃描結果與第一組相去不遠。第三組受試者被一大堆與他們根深蒂固的信念背道而馳的論點轟炸。你猜結果怎麼樣：第三組的掃描結果跟前兩組一樣。一巴掌、言語暴力或不受歡迎的意見：對你的大腦來說，都是一樣的東西。你沒有在理性思考，你是進入了生存模式。

問問題——真誠、好奇的問題——可能等於要改變自己的意見，而我們的本質就是會抗拒這麼做。對我們來說，信念就算是錯的，但是有安全感，就好過雖然正確合理，但是讓我們感受到不確定性的情況。以直覺思考來說，一個有挑戰意味的問題，會讓我們瞬間進入生存模式，因為這個問題會威脅我們的自我認同。

當然，這個狀況不適用於一些事實性問題，例如「你住哪裡？」但是遇到有人決定質疑你的論點，並且等著你解釋為何你會那樣說的時候，要不激動也很難：

論點：	「我不相信階級制度。我覺得每個人都有能力扛起自己的責任，不是嗎？階層式的組織沒有用啊。」
問題：	「為什麼階層式的組織沒有用？」
論點：	「我對同性戀沒有意見。完全沒有。我只是不想被迫表態而已。」
問題：	「所以你能夠解釋同性戀的哪一個部分讓你不想被迫表態嗎？」

在接受荷蘭日報《忠誠報》的採訪時，針對這點，認知神經科學家塔莉・沙羅特這麼說：

> 我們的信念是自我的一部分，與其相反的資訊會威脅到我們的人格核心，所以我們會抗拒。我們不想要質疑自己的信念和自我認同。如果家長對孩子們說看見粉紅色的大象在天上飛，小孩會深信不疑，因爲對小孩來說，這個世界仍是全新的領域，他們常常發現有很多很奇怪

的事情都是有可能的。但是成人已經有了難以撼動的信念，在許多情況中，這點沒有錯。整體來說，我們的假設都是正確的：世界上有引力、太陽會升起也會落下、不會有粉紅色大象飛來飛去。這個機制使得改變不合理的信念變得非常困難。

鍛鍊「放棄自己認定的事實」

你被問問題的時候，因為有義務要想出一個答案，所以你會思考。基本上，這個情況等於你受邀，或說是接到挑戰，請你來審視或重建自己目前的位置，重新架構你的意見或承認你單純就是錯了。你受邀在「敏捷視角」中鍛鍊自己，除此之外，迎來客觀性也代表敢於放棄「這是我認定的事實」的這個判斷。

我親身參與過的第一個蘇格拉底式討論，就是以「你給自己的孩子的愛是否是無條件的愛？」出發。這場討論有六個人參與，超過半數同意父母親與孩子之間的愛為無條件的愛。其中一人，莎拉，特別勇於發表看法：「我自己有兩個小孩，我知道我會永遠愛他們。不論他們做了什麼事，愛都不會變。不論如何，直到永遠。」

成員中有一人想要針對她深信不疑的信念提問，「你怎麼能這麼確定不論他們做什麼，你的愛都不會變？」

「我跟你說……我就是知道！」

第三名參與者問道：「如果你的小孩因為暴怒殺了人呢？你的愛還是會這麼強烈嗎？」

「嗯，這個……這個例子太奇怪了吧！」她忿忿地回應。「這是要我怎麼回答？」

接受質疑、忍耐被挑戰的情況、接受邀請，開始更深入地思考、反思，甚至是審查自己說的話或是想法：這些都會讓我們感到焦慮，所以我們會想要盡可能地避免這些情況。畢竟每個人主要都是以自己的主張和信念來維持自我認同。在我們的言論和意見底下，存在著對於世界和人性本質的觀點。也難怪如果必須退一步重新評估，會有種危及許多東西的感覺。我們的反射動作，就是要保護自己的所知。不是指你剛剛說出來的那個特定的觀點，而是代表你當下認同的那股更大的潛在信念。

在這個例子裡，有人對莎拉的想法施壓的時候，她逃避回答問題，並且做出防禦的回應。她顯然完全沒有想要用批判的眼光審視自己堅信的立場，不想質疑自己心裡的真相。她甚至不想思考自己對孩子的愛也許並非如自己所想的那樣無條件的可能性。然而哲學思考的目的，就是要面對像這樣的問題。最後她還是做到了，儘管不得不逼自己深入探索。

其他人再次對她提出疑問，態度非常冷靜：「想像一下你的小孩在沒有明顯理由、並非防禦的情況下殺了一個人。你對這個小孩的愛還是會維持一樣強烈嗎，還是會改變呢？」

她安靜了片刻，眉頭緊蹙，身子在椅子上不自在地移動，最後嘆了口氣，「老實說的話，不會。我認為在那樣的情況下，我的愛就會改變。也許我對孩子的愛還是有條件的吧。」

問問自己：

- 你什麼情況下會出現防禦的反應？
- 你能夠接受會侵蝕你的觀點、破壞你的信念的事實嗎？還是說你覺得很難呢？
- 回想一個讓你覺得不自在的問題：你當時不想面對什麼？你防禦的原因、想要保護的東西是什麼？
- 你有沒有問過會讓人出現防禦式反應的問題，或是曾讓對方覺得不舒服或生氣？你覺得他們是在保護什麼信念？

原因五：沒有耐性

我們覺得問好問題是在浪費時間（而且時間寶貴）

我的問題「是什麼東西讓你不願意問問題？」收到的有趣答案之一來自一名護理部門的活動教練。

「我也有不問問題的時候，大多是因爲我知道別人有多忙……或是自以爲有多忙！對方看起來沒有耐心好好對話，或不想在我問問題的時候跟我深入討論。現在大家都只要短又快的答案，要你說出自己的意見，而提出問題則需要完全不一樣的態度。問一個好問題，很有可能讓你被當作怪胎、一個過時的人。大家沒有時間——或者說，很多人不肯花時間——深入了解議題，而深入了解議題正需要大家問好問題。」

我覺得他說得對。我們已經沒有時間，不肯再花時間去探索了。我們都更想要快速邁向下一步。這種認定自己知道某些事物所得到的安全感，來自於我們覺得不必再發自真心、好奇地探索那些我們自以為知道的事物。都已經這麼忙了，誰還有空陷入那種耗時費力的狀況？所以我們當然就沒有意願了。我們活在「好的對話會消耗大量時間」的這種誤解中，而真正的優質對話其實能幫我們省下時間。可以避免掉多少不良溝通？如果所有人都可以一起來稍微深入一點探索事物、多問幾個問題，一起針對重要的內容集體反思探討，能夠避免多少失敗的計畫和合作機會？

實踐哲學家亞麗安・海寧根也是「DENKPLAATS」機構的創始者，這個機構名稱直譯的意思就是「思考的地方」。她與我分享了這個機構裡由她協助進行的幾場深入討論內容，表示討論的第一步，一定都是要先辨明問題的本質。她遇過執行委員會或管理團隊錯判問題點真正位置的情況。舉例來說，公司面對金流太低的問題，讓管理者立即想要找出對策，想要展開宣傳活動，吸引投資者——各種你想得到的手段。但是有時候問題根本不是在這裡。也許這個機構需要先進行另一種討論。

有可能是公司文化裡的其中一個元素出錯，或者是某個熱門商品跟不上時代，也可能根本是其他問題。何苦在弄清楚問題本質之前就開始手忙腳亂地想要找到解決方法呢？一個機構決定要與像亞麗安這樣的實踐哲學家合作時，就是要藉由讓成員好好把事情想通的討論來找到問題的本質。利用有系統的提問，例如蘇格拉底法，亞麗安的手段就是把真正的問題、真正的癥結點挖出來：

在蘇格拉底式的討論中，你想要揭開眞相的時候，會使用邏輯來抓出大家自相矛盾、互相矛盾的時刻，會使用邏輯來辨識隱藏的預設想法，把這些都找出來討論。這麼一來，你便有機會能夠換個角度看事情、做出不同的決策。就我自身的經驗來說，大家都很樂於進行這樣的討論，因爲在這樣的討論裡，他們能夠有思考的空間。並不是說要這麼做很簡單，也不是說這樣可以快刀斬亂麻。如果你能夠保持好奇心，想要跟大家一起把事情追根究柢，這個過程可能會花你一點時間，但十之八九結果都是可以取得更好、更有效益的決策。你投入的時間終究會幫你省下更多時間。

進行深入的討論或是對話不只會花時間——還要求紀律，而紀律是個稀有的特質。我們常把自己的習慣怪給沒有時間：時間實在太少，沒辦法好好展開優質的對話還有好好提問——提出經過深思熟慮後的問題。但是我們缺乏的東西，常常都只是紀律而已。這也沒有什麼好究責的。如果從來沒有練習過，又要怎麼會有紀律呢？不論如何，缺乏紀律仍是造成對話膚淺、缺乏好問題來啟動好對話的關鍵因素之一。

花時間——花大把時間——問一個不一樣的問題

不久以前，我在跟兩位同業合作的過程中，開啟一段哲學討論，對象是醫護機構的主任與主管人員。他們都很積極參與針對新的核心價值的哲學探討：勇氣、求知慾和信任。因為他們想要的不只是空談，所以我們以這三項價值觀分別設計了一次實驗性的活動。參與者的經驗會被用來當作進行蘇格拉底式討論的元素。

以下是我給他們的活動：用兩句話以內寫下過去幾週間讓你覺得很厭煩或不悅的事。然後我們把成員分成兩兩一組。每一組都先由其中一名參與者把自己的心煩事件讀出來，另一人必須沉默聆聽一分鐘。沉默時間結束後，聆聽者就可以問一個問題。答案不重要。重要的是聆聽的經驗，是你知道你要問問題，所以必須花一分鐘好好思考。

結果非常有趣：一開始，這一分鐘的沉默令聆聽者有點不自在，忍不住偷笑出聲。但是不過幾秒鐘的時間，聆聽者的偷笑就轉變為專注。活動結束後，兩人交換自己的體驗，每一個參與者都說自己最後問的問題，都跟一開始出現在腦海中的問題非常不一樣。

請他們把一開始腦海中的問題和最後真的問出口的問題比較過後，他們都認為一分鐘沉默後提出的問題比一開始浮現的問題來得好。其中一名參與者表示，「一開始出現在我腦海中的問題不怎麼有趣，如果要老實說的話，那些問題都指向一個特定的答案，或者是比較偏向我自己的猜測。但是經過一分鐘沉默後，我想到的問題則真正地切入了事情的核心，讓我的隊友必須去思考才作答。」

雖然我們常常直接認定問優質的問題很花時間，然而花時間架構好的問題會讓你省下時間，也是事實。問題的品質——以及其答案——改善後，也可以想想大家常說的那句話：慢慢來，比較快。

問問自己：

- 你是不是先入為主地覺得問問題很花時間？
- 你什麼時候會想要搶快？
- 你什麼時候決定先快速處理就好，而不是問出切題的問題？

原因六：能力不足

沒有人教過

我曾經是個問題連發的人。像一隻執著的小馬虻，到處問個不停，直到得到答案為止。我就是那種總是要問「為什麼」，問到父母束手無策的孩子。

「媽咪，天空中怎麼有個大氣球？」

「因為大家都喜歡氣球，而且他們想從很高的地方看這個世界啊。」

「為什麼他們會想從很高的地方看這個世界？」

「應該是因為他們喜歡那樣看起來的樣子吧。」

「那我們也可以嗎？可以上去大氣球裡面嗎？」

「可以啊，但是我們沒有要上去。」

「為什麼我們可以上去但是又沒有要上去呢？」

「嗯……呃……因為我說沒有要上去就是沒有要上去！」

我很少接受明顯的答案。我問的每一個問題背後，都會有另一個問題準備出發。我想要第一個答案背後的答案、上面的答案、下面的和旁邊的答案也要。我的追問持續一段時間後，我的父母就會使出那個老招「我說這樣就這樣」。想要打發和打斷孩子無止境的問話，這個答案最萬能。這對孩子來說，擺明就是告訴他們，愛問問題不是什麼好事。

當然，這也是可以理解的。想要對孩子們的好奇天性一笑置之、能珍惜孩子們求知的心思，需要先投入時間和耐性，不過回報不會讓你失望。不論是認真回答問題，或是提出自己的問題讓孩子們持續思考、發揮想像力，都值得我們花時間去做。

具有彈性的思考、擁有好奇的態度、會從各個角度去檢視事物或題目以找出答案：孩子天生具備這些特質，但是將他們植入現代教育體系，這些大有前途的嫩芽幼枝很快都會枯萎凋零。從國小到高中、專科和大學，以及進入職場——除了少數機會能見到校方以崇高的心態投入教導孩子們哲學知識或是批判性思考的課堂以外——問問題，還有採取哲學與求知的態度，仍不是主流常態。我還沒有看過哪一間小學會持續教育學生思考的藝術和問問題這件事，但這些無疑是人生必備的重要技巧吧？批判思考的能力、懂得質疑自己和其他人的看法，並且會採納多元觀點，這些能力能夠培養出具有銳利思緒的人，與他人更能夠建立連結。而這個時代的我們比任何時候都更需要這些人。

二十一世紀的技能：批判性思考能力

有些學校把大量資源投入在藝術科目，刺激孩子們的創意思考，或者將哲學邏輯加入課綱中。但是即便如此，未來仍可能會非常有挑戰性。學校老師發現，如果要在教室裡進行真誠的提問討論，他們就得放棄自己本來受訓成為的那個角色：一個負責監督課綱的教導和傳達的人，同時也是提供學生正確答案的人。教導十到十二歲學生的老師，梅蘭妮・艾德姆斯來參加了我其中一場「教室裡的哲學思考」研習，這場研習內容設計的對象，是教小學最後一個年級的老師。她告訴我：

> 身爲老師，主要受到的訓練就是要問出能夠引發知識的問題。透過測試學生的知識，可以確認他們有沒有理解課程內容。直到過去幾年才開始有比較多人關切哪些問題可以讓學生建立批判思考能力。

這個新趨勢很可能來自於目前大家對於「二十一世紀技能」的關注，這些技能之一就是批判性思考能力。

梅蘭妮覺得這項活動需要大量練習，特別是資深教師，因為他們還不習慣用那樣的方式思考和做事：

> 身爲一位教師，我常常會問學生眞誠的、開放式的問題，不過這些問題通常與私人領域較爲相關。你的祖母最近還好嗎？你對此有什麼感覺？我能怎麼幫你？在特定課堂中提問類似的問題就有點難了，因爲這代表你要放下「監管者」的身分，眞誠地對學生提出的答案感到好奇。

我在幾所小學開辦研習營和訓練課程的時候，其他教師的分享與梅蘭妮的說法雷同。首先這些教師得先與專業教師的傳統抗衡——已經行之有年的傳統。除此之外，還有工作壓力、校方督察人員的審視，以及學生家長的期待，以上這些讓創意和良好對話受到限制。

梅蘭妮與學生家長交手的經驗讓她意識到，這個社會關注的東西是知識，而非創意或思考技巧。學生家長跟學校的督察人員一樣，首重成果。有些學生家長還會直接提出要求，希望孩子們能被安排在中等教育課程中最進階的班級，若校方的評估與他們心中對孩子的期待不符，則視同校方教育失敗。梅蘭妮這麼說：

> 負責孩子們早期教育的教師曾經能夠花時間觀察孩童，提供孩童資源去開發各種創意領域，然而現在的父母只想在操場邊吹牛說：「我的小孩才六歲，已經會讀寫和加減法了。」對家長來說，「我八歲的女兒的歌聲極爲優美，而且熱愛畫畫」完全不重要。學生家長和整個社

會的高度需求，往往代表除了算數、閱讀能力和拼寫能力以外的技能，最後會被許多家長視為「胡鬧」之舉。然而所謂的胡鬧，還有進行有內容的開放討論，正是讓學生能建立求知心態和創意態度的必須要件。

我曾經為小學教師開過一堂課，叫做「創意與批判思考」。我開給來上課的教師的作業，是請他們為自己的學生設計並進行一個有創造性的體驗過程。這個作業的目標是要讓他們的學生負責自己的進行過程、思考和抉擇。簡單來說，孩子們必須根據主題自發去實踐。教導八年級的老師艾倫說：「我的班上很強調『輸贏』。這點對孩子們在下課時的互動方式有很大的負面影響。我想讓他們知道輸或贏不重要，不論輸贏應該都要能夠一起玩。我來上這堂創意課程就是希望可以做到這件事，可以嗎？」

在另一次訓練過程中，主題是教室裡的哲學討論，一位宗教研究的老師對我坦承道：「我在班上討論了『能不能只在禮拜場所禱告？』這個題目，但是我實在忍不住，最後開始分享我自己對這個題目的看法。因為我深信他們就是應該要這樣看待禱告。」

就算主題是哲學或是藝術，教師也常常會想要引導或是控制學生在課堂上產生的想法。他們難以放手讓學生自動自發，且覺得有責任要分享自己的看法。而孩子們不習慣有這樣的自由度，常常會說「老師，你等等會跟我們說正確答案吧？」也加強了這個狀況。

我們怎麼樣組織管理整個教育系統，對於孩子們為自己思考的能力有著極大的影響，攸關他們能不能運用求知的態度，以及敢不敢提出問題。真的要說的話，現今大部分的教育其實更像是在削減上述能力，而非培養開發之。

教師訓練課程也不會訓練這些準教師問問題的技巧。準教師安・鮑丁在校內舉辦的「批判思考」研習上告訴我，「我的教師訓練課程包含哲學，但是總是聚焦在哲學家及其思想的歷史概述。至於具體要怎麼進行有深度的討論，還有要怎麼讓我的學生來提出想問的問題……我真的一無所知。」

在小學裡看到的缺乏問問題的技巧、缺乏開放的求知態度這類問題，在高等教育和職場上也很常見，且情況一樣。理論和知識取得了舞台中心，訓練和開發求知、學習的態度則被忽視，然而需要用上這些技巧的時機卻是與日俱增。

你已經找到了第一塊拼圖

哲學家暨荷蘭拉德堡德大學的行為科學家，簡・布蘭森教授非常積極鼓吹教育改革。他認為現今教育對於取得知識、測試知識的強調，建立在「知識及其運用為兩件不同的事」這樣的認知上。布蘭森的看法，知識若可以在沒有條件限制、任何情況中，都能作為專業行動，這才是真正的知識。要能夠取得這種知識，教育必須聚焦在三點上：社會化、個人發展和資格認可。布蘭森深信，在這個大量資訊唾手可得的世界裡，讓年輕人學會用批判態度去評估資訊、分辨個人觀念和事實的差異，是非常重要的一件事。現今的教育體系中，對於批判性思考能力的訓練和培養都太少，教育體系現在仍太過執著於傳遞知識以及如何評估知識傳遞。

問問自己：

．回想成長過程與在學期間，關於問問題這件事，你學到了什麼？問問題是一件會被重視、被鼓勵的事嗎？還是說會讓人退卻呢？

了解你不問問題的原因，可以幫助你換個方法做事。若知道自己是因為害怕或是自尊的關係而有所保留，去認同、改變自身的反應就會比較容易。當你明白自己只是為了讓別人印象深刻而恣意表達意見，其實心裡比較想問問題的時候，這樣的覺察力就能幫助你在下一次改變做事的方法。若你明白了問出正確的問題並不會浪費時間，反而能省時間，你就會更願意採取行動。

然而「覺察」只是其中一片拼圖。你知道了自己為何逃避問問題，或知道了自己為何這麼不會問問題，並且決定要改善自己的行動以後——要從哪裡開始呢？這本書的下一個部分就是要討論這點：蘇格拉底式態度的基本概念，以及問出好問題的基礎。開始強化這個態度之後，能收到回報、切入重點的問題就會變得比以前更容易產生了。

Part 2

你的核心：蘇格拉底式態度

智慧就像一棵猢猻麵包樹：一個人無法環抱。

——迦納俗諺

從畏畏縮縮變成超級英雄：喚醒你內心的蘇格拉底

我的體內住著一個迷你版的蘇格拉底。他身上那件蝙蝠俠的披風隨風拍打，有時候會對於拯救世界過度狂熱，導致自己一頭撞向磚牆。所以我內心那個蘇格拉底的鼻子上總是打著石膏。

每個人心裡都有一個小蘇格拉底。有些處於沉睡狀態，或者漫不經心地剔著牙。有些沉浸在漫畫書裡，或是全神貫注地打電動，或在大啖Ben & Jerry's冰淇淋。不過這些蘇格拉底都可能可以實現其存在在人生中的意義：保持好奇心與「無所知」，準備好要發出挑戰、準備好提出刺探性的問題。成功喚醒內心的蘇格拉底，你就等於挖到金礦了。你的談話能夠為大家帶來更多趣味和內容，觀察身邊的人可能會變得比你最愛看的Netflix連續劇還要吸引人。

從蘇格拉底和其他實踐哲學家，例如愛比克泰德和斯多噶學派，我們可以學到他們是如何透過提問來為對話增添深度，學到他們如何為其他人的大腦提供糧食。他們在交談對話中，展現出來的內容，遠超過現今常被拿來當作對話主題的零碎個人意見。透過喚醒內心的蘇格拉底，你的對話會變得更豐富、更深入，也許也會更有哲理。

所以說，蘇格拉底式的態度究竟是什麼呢？

蘇格拉底深信只有了解自己的人、了解自己無所知的人，才有空間可以容納得下真正的知識。在本書的第一部分裡，我們看見了在對於答案的熱愛態度裡，根深蒂固的四個最大問題點。更別提我們那種自以為知道答案的自滿，以及對於填補空檔、胡亂臆測的喜好。解決之道——問出更好問題的方法——就要先去挑戰「覺得自己了解的東西就是事實」的這個預設立場。

蘇格拉底本身就是質疑態度的真實體現：由驚奇的態度、無所知、徹底缺乏任何假設想法來組成的觀點。對他來說，所有領域都在討論範圍內——就算是平常視為稀鬆平常的東西也一樣，就算是看起來再怎麼清楚明顯的事物也一樣。透過一個接一個的問題，他把所有事物拿來討論。我們以為自己確實掌握某些事實，使得我們不再提出有意義的問題。

比方說在職場上，我們都太急於與他人合作，然而整個機構組織卻很少花時間停下來問：什麼是合作？不論看起來有多徒勞無功、不論看起來答案有多顯而易見，仍提出問題，這麼一來就能建立更深層的連結與理解。藉此，我們發現行銷部的約翰對於合作的看法，與財務部的蘿拉和人資部的卡爾的認知完全不同。你可以隨便翻開任何一本字典，不過在你要思考真正的合作會造成什麼實際影響時，光是找出「合作」這個字的定義：一起行動或運作，並沒什麼太大的幫助。

畢竟，定義裡的「一起」是什麼形態呢？要採取什麼行動、以怎麼樣的頻率、進行多久，由誰來做？我們對於「一起行動」這件事，又有什麼感受？

這種提問、無所知的態度，是孩子們與生俱來的能力。他們時時刻刻都感到驚嘆，總是熱切地想要調查、想問出最棒的問題。因為他們知道，自己不懂的東西太多了。你可以對任何人事物採取質疑的態度：對自己、對報章內容、新聞報導、八卦消息。這是一種尋求無所知的態度，一種可以靠你自己、為你自己開發的態度，不需要有其他人牽扯進來。

但你要如何訓練蘇格拉底式的質疑態度，這種與我們這些成人的習慣相左的態度呢？質疑的態度並非一蹴可幾，就跟去一次健身房不會馬上就瘦幾公斤一樣……誰不想呢！要看到成果，必須先鍛鍊、建立耐力，讓這套新建立的習慣持續運轉。這個道理，在思考方式上也是一樣的。

投入瑜伽與正念訓練的人常說，「都是練習」。練習讓人熟能生巧。如果你想要變得擅長某事，就得持續地去做，不論是身體的鍛鍊或是思緒的鍛鍊都一樣。蘇格拉底式態度正是如此，除此之外，進行經過思考的交談也需要一點練習。練習需要時間，需要專注、投入和把思緒化為行動：要發展蘇格拉底式的態度，你就要堅持下去。

第一步：觀察自我思緒的有效練習

要培養質疑的蘇格拉底式態度，第一步就是對自己的思緒有覺察力：包含你思考什麼，以及你如何思考。只有這樣，你才能驅動自己的思緒往正確方向前進，在需要的時候調整，留下空間來提出真誠的疑問。想什麼、怎麼想，是完全不一樣的兩件事。

「想什麼」代表的是發現埋藏在你的思緒過程底下的信念，通常自己都不會察覺。另一方面還要考慮「怎麼想」。你的思考速度是快或是慢？是用聯想的方式還是邏輯思考？古希臘人這麼說：認識自己。只有知道自己在想什麼、怎麼想，你才能有意識地去打造自己的思考過程，並且創造空間來加入其他東西。

試著多加觀察自己的思緒。你越了解自己的思緒，就能越輕易地辨識出模式，並且在後續階段得以掙脫既有模式。觀察自己的思緒的時候不要帶著成見。如果發現自己會批評其他人，或者對自己太嚴苛，都不用大驚小怪。如果注意到自己在交談間分心了，或是發現自己只注意自己在乎的事，或者思緒神遊、開始盤算起購物清單的內容，別擔心。單純把發生的事情記下來，然後把注意力帶回對話中。

清楚而專注於當下

你可以隨時觀察自己的思緒，但不一定每一次都要找交談對象來帶入這個過程。你可以聽廣播或電視訪談，或者觀察別人的交談過程。要非常留意自己在想什麼。你的腦袋裡現在在想什麼？你做出了怎麼樣的評斷？這些評斷攸關何事？什麼東西吸引了你的注意力？你的專注力還在訪談裡面嗎，還是說你的注意力已經轉移到你和朋友的爭執上，或者在想晚餐要吃什麼？不要批判自己的思緒，單純記下發生什麼事就好。藉此，你就可以取得關於自身傾向的資訊。也許你的思緒就是習慣胡思亂想，或是忍不住想回應自己聽到的東西。「對，我也是！」「不，我才不會那樣做！」或者「唉唷，擔心那個幹麼啦！」訓練自己的思緒、開發蘇格拉底式態度的第一步，就是要清楚地專注在自己當下做的事上面。

不久之前，我一個人開著車，一邊聽廣播。當時節目主持人正在採訪模特兒洛伊莎・拉默斯。男性雜誌《男人幫》剛公布了世界最性感女性清單，洛伊莎也名列其中。成為實境秀《超級名模生死鬥》中第一位贏得冠軍的跨性別女性，讓她首次體驗成名的滋味。這段採訪中提到《男人幫》的名單，主持人問洛伊莎對於名列世上最性感女性之一有什麼感覺。問她覺不覺得這件事對於其他跨性別女性來說是很重要的一刻？她會不會覺得賦予跨性別社群發聲的機會是她的任務？

到這裡都還不錯。但是主持人在這裡深吸了一口氣，然後問了一個天外飛來的問題，「那……呃……第一次以女性的身分發生性關係是什麼感覺？」我差點撞上路旁的防撞護欄。我聽見自己一個人在車上大吼道：「你這個白痴！他媽的混帳！這是什麼鬼問題？」我想不起來自己上次被一個問題激怒成這樣是什麼時候了。

我從自己的思緒中後退一步後，得以分析自己第一時間產生的想法——「這個問題有夠蠢！」——然後掌握住自己的憤怒。我很生氣，因為我覺得這個問題很荒唐，我覺得主持人根本沒資格問這種事。這個舉動根本只是想炒作。不是因為有興趣知道，也不是純然的好奇心使然，跟原本進行的談話一點關係都沒有。我被惹得這麼火大就證明了一件事，那就是對我來說，問問題首重真誠，並且應該要能夠促進關係的建立，而非用來滿足一些八卦的好奇心或憤世嫉俗的潛在聽眾。

不論我為此發怒是對或錯，那是非常單純且劇烈的一刻，讓我能夠觀察到自己的思緒，並且直接開始反思，一一檢視。這個經驗讓我變得更有智慧。我在電光石火的一刻做出的判斷，讓我接觸到我自己對於「良好對話」精髓的主張：真誠地與人連結，問出與他人相關的問題，想辦法讓對方訴說的故事完整呈現。

漸漸習慣覺察自己的思緒之後，你就能慢慢開始控制思緒的方向。只要注意到自己分心了，就把注意力帶回交談對象身上。如果覺得思緒被自己的事纏住了，就清空腦袋，整頓心情，讓自己可以再次認真傾聽對方說話。如果你反射性地產生了情緒反應或批判想法，就跟我那天在車上一樣，想辦法先退一步，檢視那個批判建立在什麼樣的價值觀上。這樣的行為需要大量練習、專注力和自律，但也是問出好問題的關鍵要素。

蘇格拉底式態度：擁抱驚奇的心

如果「驚奇」是故事裡的一個角色，那她一定很害羞。如果身邊有太多人嘰嘰喳喳地說話，她就會躲起來。若有人用銳利的目光瞪視她，發出挖苦的嘆氣和尖銳的評論，她就會沉默不語。她也許有點太敏感，不過只要感覺到自己的死對頭「批評」的一絲威脅，她就會立刻逃之夭夭。她知道自己需要什麼，卻不敢開口要。驚奇只會存在於特別留給她的空間裡，在她不得不占用的空間裡則見不到。而需要留給她的空間，其實也不多。只要有時間、有空間，她就會在角落待下來，單純地觀察。她會看、會聽，會注意以及去尋找自己心裡的空白處，好讓自己能夠用最清楚的腦袋和開放的心胸去面對他人。

「哲學始於一顆驚奇的心。」幾個世紀前，我們的英雄蘇格拉底也說過這句話。要有質疑的態度，其中一個關鍵元素就是驚奇的態度。這個概念很難描述。字典裡給「驚奇」（wonder）的同義詞是「驚喜」（great surprise），但是就我看來，兩者之間仍有細微的差異。你會感到驚喜的情況，通常也都帶有幾分驚嚇——你最沒預料會發生的事情突然發生的時候。例如，你那慢吞吞的同事突然有天提早來上班，就會讓你嚇一跳。

而驚奇則比較低調一點。驚奇是一種選擇。面對同一個情況，我可以感到驚奇，也可以不要感到驚奇。不論我是否將整個經驗視為理所當然，這個情況裡我都能夠選擇用哪一種態度來面對。我明白地球不是我們的太陽系中唯一的星球，這個太陽系裡還有其他星球，全都繞著太陽運轉。我可以讀過去就好，也可以選擇用一點驚奇的態度去思考，去欣賞這些星球存在的這件事，以及我們有多麼渺小。

我的好朋友告訴我她懷孕的時候，我的心裡湧現一股驚奇的心情。就在我們對話的當下，一個全新的生命就在她體內成形，這是多麼神奇的事。一個全新的人，有一天他會長大成人，漸漸發展出自己的觀念和人格特質。非常美妙。但你也可以用完全不驚奇的方式看待這件事：畢竟過去五年間，我已經參加過無數待產派對。

另一個大家都能有同感的例子：雲朵。我相信每個人都曾經躺在草地上心想，「雲真的不簡單吔，那架飛機裡的人在那麼高的地方往下看雲，而我躺在下方這麼遠的地方往上看。那邊那朵雲好像長翅膀的鱷魚！」不過我們也常常連頭也不抬，沒有停下來花一秒時間去想那些神奇又蓬鬆的雲團。

同樣的原則，選擇感到驚奇，也可以運用在日常的情境。平常很快就被我貼上標籤、歸檔或做結論的情況，我也可以選擇用驚奇的心情去看待那個情況。跟我的母親、另一半、朋友相處，覺得煩躁的時候——為什麼他們的反應這麼情緒化？我們為什麼都不能好好談話！——如果我可以找到方法，帶著真誠的驚奇態度去看待這件事，情況會變得非常不一樣。不要被自己的批判思緒困住，利用驚奇的心來打開那扇門，提出真誠的問題。為什麼我的朋友會那樣發脾氣？我能不能看出他們的責備口氣底下的預設立場？我要怎麼回應？我對這段對話有怎麼樣的預設想法？

驚奇的心，需要的是能夠讓視線超越明擺著的事實。是那種想要看看事情有多特別的心態。我們可以選擇使用這樣的驚奇心態，讓這種心態進入我們的生活中，好好培養扶植。在你弄清楚自己的立場之前，一整天下來可能已經感受了太多噪音、太多意見，沒有多少時間可以讓你去感受驚奇。這表示，我們應該要先取得主權，創造空間給驚奇的心。這一切不會自己發生——要做到這樣，必須先逆風前行一陣子。但是取得主權、打造好溫床之後，驚奇的心就會樂於在你準備的土壤中茁壯成長。不用多久，驚奇的心就會深植在你的思緒中了。

練習：鍛鍊你的驚奇心

在熱鬧的地方坐下來。找個海邊的咖啡座。好好看看身邊的人，觀察他們。放大所有細節，看看他們怎麼跟彼此互動。試著不要去貼標籤，單純觀察、保持好奇心就好。如果你注意到自己心裡開始冒出評斷（「那件外套也太蠢了吧！」或是「看看她，比手畫腳，跟一隻受驚嚇的雞一樣！」），試試看把情緒往驚奇的方向推一點。問自己問題。那件外套怎麼了？外套有什麼特色？那個女生的肢體語言對跟她交談的人有什麼影響？那些動作手勢如何說明她的為人？你可能會發現自己因此開始對於細節更留意，觀察更久也更仔細。也許你也會開始多享受一點在現場的時光。

驚奇心的進階鍛鍊

等到你比較有信心使用自己的驚奇心之後，可以替自己訂下一個比較大的挑戰。從無關緊要的觀察，進階到你本身參與度較高的情境中。這個情境會讓你有點煩，會讓你火氣大起來。我相信你一定知道有誰總是會讓你特別不悅。這個人會觸發你做出特定反應，每次講沒兩句話，你就會開始想，「又來了，不意外！」

但是這次，請你嘗試先將不悅推到一邊，取而代之的是以驚奇的心情與對方互動。將對方視為一個夥伴，不要去想「又來了！」或是「這人說話有夠粗俗！」試著堅持用新的觀點來看待。他為什麼會這樣說呢？他此時此刻在想什麼？他從這樣的互動中可以獲得什麼？你的腦海中可能會出現很多問題，這只是幾個例子。要能真正地感受那股驚奇，並且讓問題保持真誠本質，就是關鍵。如果你沒有辦法做到，這個過程就會劣化成一場變化多端的諷刺練習大會，對你一點好處也沒有。

蘇格拉底式態度：好奇——真的想知道

如果你想要進行一場令人滿意的交談，有一個要素比上述其他都還要重要：你必須要對對方說的話有興趣，要對對方想的東西、遇過的經歷、對世界的看法有興趣。但我們通常都缺乏這種興趣，進入對話的時候，我們都暗自覺得自己比較有趣。

幾年前，上過一門「批判思考」課程之後，我迫不及待地想要跟同事分享這個經驗。我的老師使用了非傳統的教學方式，我對此非常有熱忱，所以我鉅細靡遺地描述了課堂內容、老師用的方法以及我們在課程中做過的練習。過了很久，我同事才開口說話。「他是在玩什麼把戲？」他說。「身為老師，他的工作就是要給大家一個安全的空間，他的舉動完全不負責任啊。」

我發現自己接連地說出了「對……可是」，決意要捍衛自己的立場，說服我同事改變想法。「對，我知道你的意思，可是當時的感覺沒有那麼恐怖。透過他的方式，這過程感覺很合理，而且……」

我開車回家的路上，才意識到那場對話是怎麼一回事。我們兩個人都沒有收回自己的看法。事實上，我們兩個人都在沒有完全了解狀況的前提下，就開始一直推進。我同事針對我對於課程和老師的描述產生批評，我則是認定我同事的回應不合理又過分。從這場對話中可以很明顯看出來少了什麼東西：真誠地對彼此的觀點感到好奇，以及好奇心能帶來的真誠提問。

我們都太堅持自己的立場。我想要說服我同事，讓他相信這個老師和教學方式有多具啟發性。而我同事則堅持我應該要知道這個老師沒有尊重學生的誠信。我們兩個人都沒有興趣更深入地了解對方的觀點——只會想辦法進一步解釋自己的觀點。

我的同事大可對於教學方法以及我的體驗抱持更多好奇心，「那這個老師為什麼要選用這些特定的干預手段？」「他對學生造成什麼影響？」至於我，我大可好奇為什麼我同事會產生這麼強烈的看法。「這個教學方法具體是哪裡讓你覺得這麼反對？」「你為什麼覺得這樣做是錯的？」「課堂上的安全感本來就是老師的責任嗎？還是說學生也要負起一點責任才對？」我相信如果我或他能想到要先退一步，對話一定會變得更有內容。但是一旦陷入進攻和防守的泥沼、陷入批評和責怪的網羅，要抽身就沒那麼容易了。

要培養質疑的態度，得先學著將自己從批評斷定調整成充滿好奇的狀態。面對他人的思緒過程和經歷，讓自己轉變成真心有興趣的態度。在情緒激動的當下，情況很可能瞬間一發不可收拾。要到事後你才會恍然大悟：我應該要這樣或那樣回應才對，應該要問這個或那個問題。花時間分析事後觀點是很重要的：下次我跟某人進行類似的對話時，那些用來分析事後觀點的時光就會讓我更有警覺，讓我能遠離再次陷入批評對決的情況。當然，這也不保證我就能夠成功，但是仔細思考、培養這個意願，是讓我們能夠往正確方向邁進的重要步驟。

你不曾「都懂」

保持好奇心代表你知道自己對某些事物無所知。你不知道別人經歷了什麼、在想什麼或是有什麼感覺。「別人」的意思就是這樣：他是別的人，不會跟你一模一樣。而且，即便你公公很煩人、老闆很恐怖或是你對於無法守時的人很感冒，在你放大那些經歷的時候，與你交談的人有很大的機會無法理解你的思緒和感受。要記得，最了解事件經過的人，往往是親身經歷的那個人，而我們卻常常一下子就預設自己知道對方在說什麼。

我曾經為一群年輕的會計師開過一堂交談與提問技巧的訓練課程。他們的作業要兩兩分組進行：其中一人必須描述一次自己經歷過的負面經驗，另一人則必須追根究柢。我站在一旁聽了一會兒其中一組的交談。巴特剛去度假回來，他的故事發生於機場。「下午兩點的時候，飛機準備起飛，非常準時。所有人都登機了，行李也安置完畢，旅客都扣上了安全帶。結果……什麼事也沒發生。引擎沒有轟隆作響，沒有在跑道上繞行。我們就只是坐在那裡。四十五分鐘後，飛機才終於起飛。」

詹姆士一邊聽一邊點點頭，發出悶哼聲並且說道：「啊，一定會覺得很煩。」接著，他試圖想出一個問題來問，卻想不出來。我問他原因。

「嗯，就一段經歷來說，這段故事已經清清楚楚了。我覺得全都很合理。」

「你已經知道巴特這段經歷中的一切了嗎？」我問道。

「嗯，很明顯啊，不是嗎？他被困在飛機上等，一定會很煩。」

「你知道為什麼他覺得很煩嗎？」我問。

「呃……嗯……因為很浪費時間啊。」

「所以說，對你來說，令人煩躁的因素是時間。你覺得浪費時間很煩人。但是誰知道呢？巴特的煩躁可能是來自於完全不同的理由。也許對他來說，浪費時間不是什麼大事。也許他是對於要起飛這件事很緊張，也許他肚子餓了，希望能快點開始供餐。你其實沒辦法確定真正的原因。」

接著詹姆士問了巴特，飛機延誤的事情為何讓他這麼煩躁，巴特說：「噢，你也知道那是什麼感覺，被困在飛機椅子上一段時間後，你會覺得全身都僵硬了。真的是非常不舒服。他們幹麼不讓我們在候機室等就好？至少那樣大家還能把腿伸直啊！」

這個例子看起來微不足道，卻真切地描繪出人與人交談時經常發生的情況：你以為你知道對方要說的東西，也許跟你自身的經歷有所共鳴，所以你覺得對一切再清楚不過，就不會想要多問下去。一旦開始這樣想，你對那個人、對他要說的故事的興致就開始減弱。但是一旦越過那些閒聊內容，開始用真正的好奇心看待對方的故事——關於他們的經歷、思緒、感受和評論——有時候你會發現一些一開始根本想不到的資訊。

在巴特描述的事件中，詹姆士把「時間」視為壓倒一切的概念。然而對巴特來說，時間根本沒有被考慮進去，重點其實是「舒適」。用一個問題橋接對話，對對方的想法產生真正的興趣，就能讓兩人之間的距離縮短。不難想像，此舉能夠加深交談的深度。時刻提醒自己，你對對方的思緒和經歷一無所知，同時對對方保持好奇心，這樣就能幫助你問出好的問題，加深深度。

好奇心的練習：你不是經歷的人，他們才是

兒童天生就能把這件事做得很好。動物也是。那為什麼成人卻常常做錯呢？因為我們喜歡覺得自己知道答案，然而事實上，我們常常一點概念都沒有。接下來的練習，能夠讓我們掌握這個

缺點。

從以下角度出發，找個人交談：我毫無概念，而你非常清楚。把對方視為你們討論的話題領域的專家。認定自己的思緒、評論和意見一點都不有趣。你對這個主題是怎麼想的、你覺得自己對這個主題知道多少，完全不重要。把注意力放在對方身上。他們怎麼想？他們具體的體驗經歷是什麼？他們能不能多舉一點例子？這件事是否總是如同他們描述的那樣？還是不一樣呢？如果有不同之處，差異為何？在哪些情況下會有差異？

如果練習得夠多，你會發現自己永遠不會想不到問題發問。如果開始覺得自己的問題快要問完了，有可能是因為你不小心又開始使用「已知」或「同意」的態度，而沒有先檢查自己的回應基礎。

蘇格拉底式態度：勇氣

突破表面的提問、偶爾去對質隱藏的真相，並非那麼容易被接受的事。這麼做可能會像是要挑戰對方、讓對方措手不及，像是被突襲。因此，接受這樣對待的那一方，往往會需要進一步深掘來尋找答案，有時甚至會對自己的答案大吃一驚。問問題、接納答案需要的是勇氣與面對脆弱。你永遠無法預知自己的問題會不會問到重點，也沒辦法先知道對方有什麼反應。這麼做代表你要放棄相當程度的控制力，任由眼前的情況自由發展。你的問題可能會造成不舒服的感受，或者像是在與對方對質。你不會知道對方想不想回答，或者是不是只會造成對方覺得尷尬、厭煩或羞愧。有時候會覺得好像踏上一條死路。

心態：不敢問真的想問的問題

我們現在已經知道，人之所以不想問問題，通常是因為不想造成對方不安。這樣真的很可惜。就因為不敢問一個問題，你錯過了多少美好的對話？

我的好友妮娜對於我說的這個狀況可說是非常清楚。「我已婚，我先生和我的年紀常常會讓人預設我們已經有小孩。我們認識新朋友的時候，常常會被問到這個問題，而我們說沒有小孩的時候，對方通常會有點慌張。彷彿可以看見他們在想『我還有其他問題，但我不敢問』。偶爾會有人真的問了，而這個問題就會導向真的很有意義的交談。大家常常不把真的想問的問題說出口，實在很可惜。」

當然，一對夫妻沒有小孩的原因有很多種——但是一般人往往寧可在心裡自己預設答案，或者改變話題，也不肯冒險去問那個可能會帶來棘手的討論的問題。他們可以藉此逃避棘手的話題，但同時也錯失了可能會很有趣的聊天內容。

針對可能有點敏感的主題提出的好問題，具備建立關係的力量。在妮娜的例子裡，重點是要敢於對她與丈夫的人生、以及兩人沒有小孩的主題提問。放下私人程度不提，你不想要針對任何老掉牙的話題唐突地提出疑問，這很合理。但是如果我們想要追求更好、更有意義、更真實的交談內容，我們就要對自己更要求點。如果當下情境感覺沒問題，對方也願意好好回答問題，你就可以為坦率又有趣的交流奠定基礎。

我們必須面對脆弱和不舒適感，進一步問出敏感的問題。有時候你還是會走到死胡同裡。你不孤單！但是你會很驚訝的是，像這類敏感問題和仔細思考過後的問題，對於被問的人有多大吸引力、能讓他們多投入交談，就像是邀請他們暢所欲言。就算是會令人不自在的問題，也能帶來正面、解放自我的經歷。

打造勇氣和意願去接受可能會不自在的風險，就是開發蘇格拉底式態度的一部分。

奇怪的簡報：敢於提問

領導力教練莫尼克・林德斯告訴我一次她參加一場研討會的經驗，研討會的主題是「新領導力」。在暗暗的小房間裡，投影片亮了起來。一頁又一頁的圖表和財務報表。才過了幾秒時間，她已經完全陷入迷惘。這跟新形態的管理方式有什麼關係？她環顧四周，想看看是不是有人露出跟她一樣的疑惑神情。沒有。

大概過了足足十五分鐘，她終於鼓起勇氣舉手詢問這場研討會到底是不是她該參加的那場。「我的心跳快到不行，」她對我說。「我真的很怕自己像白痴一樣，居然笨到不能把投影片內容和新領導力聯想在一起。」講者聽聞她的問題，開始緊張地翻查手上的紙張。過了一會兒，他才困窘地承認自己放錯簡報了。現場所有人都一起放鬆地大嘆了一口氣，其中一人說：「我從頭到尾都在想：好奇怪的簡報！」

要問出好問題，也許會像是要你跳下飛機，你無法預知降落傘到底會不會順利展開。你完全不知道自己的降落過程會順利還是顛簸，也不知道降落的地方歡不歡迎你。但你問好問題不是只為了你自己，也不是為了為自己換來順利的降落結果。你問好問題的時候，也是為了其他人著想，這樣一來，他們就能更深入地思考自己的概念和意見，也許可以找到新的方向看待事物。要送這個禮物給其他人，有時候就代表你必須經歷一些尷尬的跌跌撞撞。但是相信我，這個代價是值得的。

練習：探索自己的猶豫

想一想那個你一直想問的問題。你想拿來問誰？那個問題是什麼？為什麼你沒有問？是怕尷尬嗎？是因為自己的不安全感嗎？你百分之百確定問出口後會碰壁嗎？想想問了以後能有什麼正面影響。畢竟，你會有這股好奇心一定有原因。

練習：不顧尷尬地提問

你要這麼做：把那個棘手、敏感又尷尬的問題問出口。如果你發現自己在交談過程中心想，「我真的很想問這個問題，但是我應該不會問」，那就問吧！不論如何，問就對了。不論對方要不要回答，你要問出口的這個決定都不會受影響。要不要回答是下一個步驟，掌握在對方手中。但是你至少可以決心放下防備，也是朝著更深入的連結邁出第一步。

你不需要就這樣隨便把問題丟出去，可以溫柔地展開問題。比如你可能會說：「我有個真的很想要問的問題，但是我不知道該不該問，這問題可能有點敏感。」看看對方有什麼反應。或者也可以先取得對方的同意：「我想要問你一個關於這件事的問題。你介意我提出來嗎？你可以決定要不要回答。你覺得這樣好嗎？」

蘇格拉底式態度：不要認真地判斷

我們一天到晚在做各種判斷，很正常。少了判斷，你要怎麼知道自己想要吐司裡面夾花生醬還是果醬（還是花生醬加果醬！）？要怎麼知道該買時髦的紅色夾克還是緊身藍色夾克？更別提生活中比這些更重要的決定，比如你應該從事什麼職業，或者哪所學校最適合你的孩子。批判能夠為我們的生活增添色彩、為各個面向帶來衝擊，有時重大，有時輕巧。

晚餐要吃白花椰菜還是綠花椰菜？

我應該跟這個人做生意還是那個人？

我該接下這份工作，還是再等等看更好的機會？

這個對象值得我再跟他約會一次，還是到此為止就好？

我該出手干預還是順其自然？要繼續還是止步？

我是自己想要成為的那個人嗎，還是說該做出一點改變了？

我不喜歡哪些舉動，哪些又是我欣賞的舉動？要標記成好還是壞？

你會批判評斷，這些評斷則為你的人生塑形，要阻止這個狀況是不可能的。你跟某人首次見面的時候，大概在第八秒鐘就會出現判斷，第一印象就此產生：「我喜歡這個人，跟他相處很舒服」或者「不行，這個人我不喜歡」。對人來說，批判就跟呼吸一樣基本。要假裝自己不會批判事物，就跟要一條魚假裝自己不會游泳一樣：「沒啦，你們搞錯了，這不是游泳，是……呃……是飛啦。對，就是這樣！我是在飛，只是是在水裡飛。」

是譴責還是判斷？

批判能夠為人生增添樂趣、刺激性，使其豐富並且可以掌握。試圖阻止自己的批判能力，或是一直施以審查，可能會帶來苦難。你發現自己在批判，然後覺得自己不該這麼做，但是責怪自己批判的行為基本上也是一種批判行為，同時還讓自己覺得有罪惡感又不開心。讓自己去批判吧。喜不喜歡，都躲不掉。「批判」對人類來說就跟吃喝、談話、放屁或被絆倒一樣。要假裝自己不會或不該批判，是一種奇怪又沒有好處的行為。這樣做等於是在否定自己的人性。

你也許已經感覺到了，這段話接下來有個「可是」：我們常常拙於處理自己的批判想法，手段又太過草率。我們常常太快就批判，忽略了各種細微、巧妙的資訊，並且把自己的意見加諸在不完整的資訊上面。我們也太執著於自己的想法：把自己的批判看得太認真。一旦你決定這個人就是個自大的自我主義者，就會很難說服自己去相信其他看法。心理學家將此現象稱之為「確認誤差」：因為太想要強化自己已經有的成見，讓我們視線變得狹隘，隨便忽視與成見相反的證據。

對那些堅持「批判就是不對」的人來說，可以思考一下「你不可以批判」這個概念本身就是一個強大的批判。這是一個完美的矛盾。像這樣的定論通常都是因為負面的判斷所產生的。我還沒聽過有誰會抱怨被判為、被視為有才華、有魅力或美麗的人。如果羅傑說，「弗瑞德最近的表現懶散又隨便」，我們很可能會說，「你不要這樣批評他，羅傑！他可能只是有別的事情煩心！」不過如果羅傑說的是「弗瑞德最近非常有活力又認真」，沒有人會對這番話提出抗議。

如果用邏輯觀點去看待這件事，會覺得有點奇怪：為什麼我們可以說某人很有才華、有魅力或很美，但是不能說他懶惰、自大、愛說謊或自以為是？本質上看來，以上都是做出批判的例子啊。這樣來說，就很像雙重標準了。同樣的行為，只要是正面的就沒關係，是負面的就不可以。

也許是因為我們常常把「譴責」跟「判斷」混為一談的緣故。譴責的重點是否定和拒絕，而判斷則是因為有相當的理由而產生結論。所以說，在羅傑的這個例子裡，可以理性、清楚並提供論證地陳述：他從不整理桌面、他的鍵盤上都是咖啡漬、約好的事情做不到、幾乎沒辦法在交期完成交辦事宜。這就是判斷：「弗瑞德做事很隨便，因為……」不過如果你接下去說，做事隨便的人是廢物，那你就是往責難的方向偏移了。

而我們太常同時做這兩件事。我們會說，「天啊，弗瑞德真的很隨便！」話說出口的時候，表情和口氣都出賣了我們對這個觀察結果的看法。我們會同時判斷和責難。培養蘇格拉底式態度就是要把這兩件事分開來：就事論事，盡可能地做出客觀判斷。下一步就是要質疑這個判斷，問問自己，「真的是這樣嗎？我說的這番話，或是我在想的東西都真的是這樣嗎？」

反覆對你的判斷做出判斷

我很讚賞每個人能夠做出判斷這件事，但我也想呼籲大家對於自己的判斷負起責任，並且更小心地看待。盡可能客觀地判斷，並且如果情況需要，能夠立刻將其拋棄。這就是我們追求的敏捷視角的本質：做出判斷後採取一個立場，但是不要緊抓那個立場不放，不要把自己的認同跟那個立場綁在一起。這個做法代表你可以輕易自由探索反面意見。對自己的判斷就事論事：面對事實時的獨立觀點，你發現自己可以、也應該要去更加仔細地檢視一個觀點，這個觀點是你的無意識假設、推測或偏見，以及你對人性本質看法的根基。一旦意識到這件事，並且開始從其他面向看待事物，你很快就會發現自己的思考能力變得多麼強大、多麼有彈性又敏捷。

另一個常常聽到的建議就是：不要那麼快就批評。我真的覺得這個建議不太實際。判斷是很快的事，是無意識的行為、反射性的動作。你都還沒站穩腳步，另一個判斷的想法就又出現了。要延遲無意識的過程可不容易，甚至也許完全不可能。我認為解決之道並非如此：應該是要做出判斷、留意你的判斷，然後從判斷的想法中後退一步。把你的判斷記錄下來，然後從對話中挑出來，讓它消失在背景中。與其說是暫緩判斷，不如說是撤回。我們不可能避免判斷，所以就好好記錄，然後不要因為判斷結果做出任何事。

這個過程就是蘇格拉底式態度的核心：知道自己總是會對眼前的人事物做出判斷，同時也明白每一個議題可能都有多個面向。產生判斷，然後後退一步，並且勇於探索其中。把這個判斷裡裡外外審視一遍，往牆上一扔，看看會發生什麼事。對判斷做出判斷，丟進垃圾桶再撈回來，拍拍上面的灰塵，然後換個角度再看一次。再次丟進垃圾桶，如此循環。

寓言：是好是壞，誰知道呢？

這個故事完美詮釋了何謂判斷、何謂收回判斷，以及「判斷」這個能力如何在我們心中根深蒂固。這個寓言的主角是一名農夫與其子：

一名農夫和他的兒子住在中國的農村裡。除了簡樸的住處和那塊地，他們的財產就只有一匹馬。有這匹馬，他們就可以在土地上耕作，賺錢餬口。有一天，馬脫逃了，村民都來安慰他們。「眞是糟透了！」他們喊道。「簡直是災難！」農夫只是面露微笑，平靜地說：「是好是壞，誰知道呢？我只知道我的馬跑了。」

接下來的日子裡，農夫與兒子就靠著自己的力量去田裡耕種。有一天，他們遠遠地看見了一匹馬。竟然就是他們的馬！這匹馬回來了，還帶回了七匹野馬。

消息傳到村民耳裡，紛紛替農夫高興，大家就這樣跑到他家恭喜他。「噢，太好運了吧，眞的是非常幸運啊！」他們這樣喊道。「這麼多馬，而且都是你們的！」農夫只面露微笑，平靜地說：「是好是壞，誰知道呢？我只知道我的馬回來了，還帶回了七匹馬。」

隔天，農夫的兒子想要駕馭其中一匹新來的馬。他跳到馬背上，但是馬瘋狂地又跳又甩，農夫的兒子跌到了地上。這一跌，讓他摔斷了腿。

那天晚上，村民都來探望農夫，哀嘆這個可憐的農夫兒子的遭遇。「眞是災難！」他們喊道。「可憐的年輕人啊，兩條腿都斷了。這是什麼倒楣事啊！」農夫只面露微笑，平靜地說：「是好是壞，誰知道呢？我只知道我兒子的兩條腿都斷了。」

隔天，軍隊帶著召令來到村中，兩兩一組，挨家挨户地敲門。戰爭開打了，所有能夠上戰場的男性都要立刻入伍。他們看見農夫兒子的狀態，決定不徵召他。農夫只面露微笑，平靜地說……

這個農夫與兒子的寓言故事有很多種結論的方式：靜觀其變、事情不見得一定是好或壞、情況再差，總有一線希望。農夫反覆說的那句話——「是好是壞，誰知道呢？」——展現出的堅忍觀點以及開明態度，是多數人所望塵莫及的。

我們對於村民的反應還比較熟悉。他們親身示範了我們在生活中急著想要道賀的模樣。這個消息是好是壞？好運到了，還是災難降臨？我們吃了悶虧還是獲益了呢？有時候，我們會太過迫切地想要把事實、事件、發現和行為標記歸檔。如果想要具備驚奇的心態和好奇心，我們應該要抗拒這樣的渴望，並且開始提出更有深度的問題。我們必須意識到，在大多數的情境裡，我們取得的資訊都太少，不足以支持我們立即產生意見。我們就跟那位農夫一樣，應該將判斷切割出來，放在冰塊上面冷卻一下子，隔天再回來看看這個判斷是不是還適用。屆時我們的判斷可能又已經改變了，也許這個判斷利用這點時間去成長或變得成熟了。誰知道是否又有片段新資訊可以讓判斷的內容產生改變呢？

要如何更小心地做出判斷？

更加留意自己的判斷這件事，說起來比實際實行還容易多了。你在新聞上看見或聽見某件事、同事發表評論、老闆問你問題、朋友跟你說了一則非常八卦的消息，你可能都還沒意識到，自己就已經開始往這些資訊上面貼標籤，全數歸檔定位了。個人判斷的意見被傳來傳去，但是其最後導致的意見，通常更能表現出你的價值觀，以及你對人類天性的看法，而非針對真實事件本身的看法。要如何避免太快下定論呢？

其中一個能夠幫助你減少下定論的哲學思想，就是斯多噶學派。「斯多噶」這個詞不做人名的時候是「堅忍不拔」的意思，在現今給人的聯想不是特別討喜：指沒有感情、不為所動、有距離感。我們這樣看待這個詞其實很可惜，因為斯多噶哲學其實有非常豐富的內容。

斯多噶學派的名字來源一點都不負面，這個名字指的是長廊，也就是古雅典時代眾人聚集討論哲學的柱廊。斯多噶哲學屬於實用哲學派，呼籲眾人應該把焦點放在自己能夠掌握的地方，遠離我們無法影響的事物。藉此可以達成的結果，就是平靜的心。斯多噶學派開發了許多實用練習以及冥想，目標就是開發出具備美德的生活。斯多噶主義經歷過數個不同的時期，其哲學思想受到許多著名思想家影響。

其中一名最重要的斯多噶學派哲學家是愛比克泰德。他的作品《手冊》（Enchiridion）是一本篇幅簡短的道德建議手冊，他寫下每日生活中會遇到的問題，其中也包含「人總是輕易做出評斷」這件事。他邀請讀者單純地去觀察，不要做出判斷：

> 如果有人洗東西很快，不要說他不會洗，說他洗東西很快就好。如果有人喝太多酒，不要說他不懂喝，就說他喝很多酒就好。在你知道實情之前，你怎麼能確定他就是不會或不懂呢？如果你照我說的去做，就會知道只要理解自己所看到的印象就好，其他不要多想。

作家暨哲學教授馬西莫・皮戈里奇（Massimo Pigliucci）在著作《別因渴望你沒有的，糟蹋了你已經擁有的：跟斯多噶哲學家對話，學習面對生命處境的智慧》（How to Be a Stoic）中，強化這個概念：

> 重點是要去分辨事實——如果觀察後覺得合理，我們可以接受——以及判斷。判斷是我們應該要放棄的東西，畢竟我們通常資訊不足。

練習：記錄你的判斷

每一天，我們都會遇到數不清的機會，可以訓練自己對於判斷更加留心。你剛錯過的那班公車、那個講話很諷刺的同事、沒禮貌的路人：這些日常事件都會觸發瞬間的反應。第一步驟要先意識到自己很可能會對這些事物隨手貼上標籤。發現自己處於那些情境下的時候，先問問自己幾個簡單的問題。我對此有什麼想法？我要怎麼用一、兩個字總結這個情況、這個人？愚蠢、令人滿意、自大、沒耐性、美麗、醜陋、太快、太慢……

這個簡單的練習能幫助你把自己所想的、所看見的一切概念化，透過這個過程，你可以學會把自己從思緒中抽出來。

另外還有一件值得注意的事，就是你會不會責怪自己的思緒。你有沒有過這種經驗，發現自己心裡在想「我實在不該覺得這樣好！」或是「也許情況沒那麼糟，我不應該表現得像個宿命論者？」

練習：敏捷視角訓練

一旦注意到這些會突襲你的判斷思緒，並且可以清楚地找到連結，不會讓自己馬上想要反擊或壓抑這些思緒，你就準備好進行下一個步驟了：尋找並練習敏捷視角。下次你發現自己陷入很想要做出判斷的情況時，花點時間做做以下練習：

1／把你的判斷寫下來，越直白越好。你具體在想什麼？

2／描述那個讓你做出判斷的情境，一樣，越直白越好。

3／想想其他人如果在同樣的情況下，會做出什麼判斷，舉三個例子。

4／針對每一個判斷，想一個可以用來抗辯的論點。

5／看看這些替代判斷內容是不是也可以「為真」。

走完這幾個步驟，能夠讓你的腦袋清出一些空間，讓你能夠好好呼吸，迎接不同的觀點。以下是一個例子：

思緒：	娜塔莉又來了，一如往常地愛抱怨。
情況：	娜塔莉在咖啡機旁跟強納森交談。她說：「天啊，我真的有夠忙！我的事情真的都做不完。我昨天要加班，不能去接女兒。真的讓我很不開心！」她一邊說話，一邊皺眉又嘆氣。
其他人在這個情況中可能會做出的替代判斷：	1. 娜塔莉對強納森有信任感，足以讓她分享自己的狀況。 2. 娜塔莉覺得有必要談一談自己的憂慮。 3. 娜塔莉就是想要大吐苦水，而那是她的自由。

練習：成為斯多噶學派的一員——客觀地判斷

還記得愛比克泰德說的「洗太快」和「喝太多」的說法吧，現在換你訓練自己成為斯多噶學派的一分子。抓住事實，記錄自己做的判斷，要意識到所謂的「判斷」，一定都是對某個真實情狀觀察後的回應，要非常清楚事實與判斷的差異。舉例來說：

判斷：	哈利真的該燙一燙襯衫了。
事實：	哈利的襯衫看起來沒有燙過。

這個過程中有個有趣的小步驟，就是去質疑判斷的內容。在這個例子，你可以問：「是誰覺得哈利該燙襯衫？」答案只會是：「嗯，就我啊。」接下來的問題就很清楚了：「我憑什麼叫哈利燙襯衫？」你其實根本沒有那個立場替哈利和他的洗衣習慣設定標準。

觀察和詮釋的差異

我稍早提過，幾年前我當過騎術教練，那時候我也提供個人訓練和騎術結合的訓練課程。在與馬匹互動的同時，有教練替你訓練，能夠為你的行為、信念和能量打開一扇非常有意思的窗。馬匹雖然無法直接跟我們交談，面對我們的肢體語言，牠們可是非常敏感的譯者。

課程會是這樣進行：我讓學生跟他的馬匹或我的馬匹合作，請他們在圍欄裡繞圈的時候完成作業，然後我們一起反思發生了什麼事。學生的第一項任務之一，就是觀察。我讓他們站在圍欄邊看著馬，問他們，「你看見什麼？」這個最簡單的問題往往會換來像是「牠很好奇」這樣的答案。「牠很害怕。」「牠沒那心情。因為牠撇過頭，所以看得出來。」「牠餓了，因為牠在嚼一根草。」

如果這個學生是跟自己的馬一起接受訓練，答案通常會更詳細。「牠現在就只是固執而已，但牠常常這樣。」「因為你在這裡，所以牠很害羞。」「因為牠聽得見各種新的噪音，所以變得很緊張——你看，牠的耳朵在往不同方向轉來轉去。」

很少有人能做到我請他們做的事。換句話說，就是只要告訴我看見的畫面就好。很少人能夠單純只是觀察。「馬走到左邊了。」「馬望向遠方。」「你看，牠在嚼一根草。」或者「牠的耳朵轉向尾巴的方向」。我解釋過觀察和詮釋的差異之後，學生往往會恍然大悟。然後我會問他們，「你是描述了自己客觀見到的情況，還是說你詮釋了馬匹的行為呢？」學生準備好做出單純的觀察之後，他們的詮釋也會變得更純粹，變得更像是假說：還沒經過驗證的預測。畢竟你很難說你確定你的馬覺得坐立不安、害怕或憤怒。最多只能說牠的行為讓你覺得牠是上述情況。

後來我發現，我跟馬合作的時候發現的事，也可以運用在我們看待其他人的情況下。對象是人的時候，要維持單純的觀察也一樣很困難。你可能都還沒發現，詮釋的思緒就已經跟特拉法加廣場上的鴿子一樣四散在你的腦海裡了。發展出蘇格拉底式態度代表要訓練你的感官去客觀地觀察，而不要邀請大腦加入、用自己的出發點把觀察變成詮釋。

練習：只要觀察，不要詮釋

試試看觀察不認識的人。這次也一樣，找一個熱鬧的戶外環境。挑一家戶外咖啡廳或是找個廣場，一個你可以坐一會兒、從遠方觀察路人又不會顯得很可疑的地方。觀察並逐字說明你所看到的情景。如果看見疑似情侶吵架的場景——這是你的詮釋——先退一步回到純觀察的階段：女子揮舞右手臂，輕輕皺眉；男子抬頭，嘆氣並且喊道，「我就是這樣跟你說的啊！」

合理推斷，這是情侶爭執的現場。這個推斷結論可能就非常準確。但是我們多常做出有點超過實情的評斷呢？我們看了一眼交談對象，然後心想，「你真是個渾蛋」或者「有人今天吃錯藥」。客觀地觀察能夠幫助你拉開一點距離，通常結果就是你的最後判斷會有明顯改善。

蘇格拉底式態度：學著接受（甚至擁抱）無所知

練習蘇格拉底式態度，代表你會質疑自己認為有把握的認知，質疑到最後，心態甚至會轉變成完全不確定的程度。雖然聽起來很怪，但是這樣做可以幫助你訓練自己的無所知能力。只有缺乏所謂的知識，才能為新的、真正的知識創造出空間。持續不斷測試心中確定性的外部極限，能讓你有機會接觸到新的發現。

學習笛卡兒看看

能夠教我們何謂徹底懷疑的哲學家，就是生活在西元一五九六年到一六五〇年間的法國思想家笛卡兒。他以「我思，故我在」這句話聞名。他在尋找自己能夠完全確定的事物的期間，培養出方法論的懷疑流程：他會盡可能、有系統地去懷疑一切。笛卡兒認為，如果把所有可以被懷疑的事物篩選出來，就只剩下必然真實的東西。

對笛卡兒來說，真實知識的出發點就是徹底懷疑我們自認已經知道的一切。他的目標是取得真正的知識。他在火堆前坐下——或者說，想到他的時候，我喜歡這樣勾勒畫面——開始系統性地搜尋位在所有可懷疑的事物以外的真實。他採用的方法是透過質疑自己長期以來的信念。只要找到任何肯定的認知，就會試圖用反面立場來將其破壞。

笛卡兒坐在火堆前的椅子上，一定過沒多久就會想到「我會覺得我知道，是因為我的知覺這樣告訴我」。但是隨著他深入思考，就連他的知覺都成了他質疑的對象。畢竟，讓你知道此時此刻的自己就坐在一張舒服、溫暖的椅子上的那個知覺，也是你夢裡的那個知覺。而且夢境都很像真實生活，不是嗎？

除此之外，你也常常被自己的知覺愚弄。有多少次你以為自己聽見身後有東西在動，結果轉身後卻什麼也沒看見？有多少次覺得手機在震動，結果手機根本不在口袋裡？好，最後這個例子不是笛卡兒想的，但是如果他活在現代，要舉例的話一定馬上會想到這個。最後，笛卡兒的結論是我們的感知並非最可靠的知識來源。

但是他凝視著火光，最後找到了一件他無法質疑的事。他知道自己在思考。由於使用了這種方法論的懷疑態度，他開始對周圍世界的現實和自己的感官知覺對周圍世界的認知產生疑慮——但他知道他在懷疑。無論他怎麼看，都有一個「思維實體」。於是產生了這句名言：我思，故我在。在我們開發這種無處不質疑的蘇格拉底式態度的時候，可以多加參考笛卡兒的做法。如果非常專注地觀察，並以懷疑為目的，去檢查所有事物的確定性，你很快就會意識到，你幾乎對所有事物都一無所知。

練習：傻乎乎地去質疑自己！

想一件你確確實實深信的事。你的哪個信念會被歸類在絕對事實的類別裡？把那個信念寫下來，然後問問自己，「這是絕對的事實嗎？」先正面地回答那個問題——「對，這是絕對事實，因為……」——然後寫下每一個你所能想到的、可以支持這個信念的論點。你有哪些證據？（我先替各位解答，「就是這樣啊」或者「我就是這樣覺得」不能當作答案！）然後試著寫下針對你的信念可以做出的最強烈反擊。問自己同樣的問題，但是這次用這個句子開始回答：不對，這樣想是錯的，因為……不認同你的信念的人，針對這件事情可能會怎麼說？你在什麼情況下會同意他們？

再回去看看自己一開始的論述。你可能會發現這次練習創造了一點空間可以讓思緒流動或是容納質疑，你的信念稍微有點動搖了：這個信念不再是一成不變的樣子，你可以用比較輕鬆的態度去看待它。這樣的彈性程度是不是有點恐怖？這是很合理的反應，本身也是一則有用的資訊：讓你意識到自己多麼堅持自己的信念，多麼堅持自己「確知某事」。

無為與無所知

道家有一個概念，稱之為無為。簡單的翻譯過來看，無為就是什麼都不做的藝術。很多人把無為誤解為什麼都不做，換句話說，就是徹底的被動，但其實這個理解並不正確。道家思想訓練師雷諾德・艾洛維德解釋道，所謂無為，並不等於什麼事都不做。什麼事都不做，沒有什麼藝術：你避免採取行動，然後什麼事都不會發生。而無為——無所為的藝術——採取行動的可能性與不採取行動的可能性是一樣的。

無為的核心觀念是行動的時候不受自我的干擾，或者換句話說，不受自我思緒干擾。行動，就只是行動，源於本能、傑出和智慧。其被稱之為無所為的藝術，是因為在關鍵時刻，「自我」會被繞過，不採取動作。「自我」可能會從旁觀察，但是不會控制個人的反應。

艾洛維德喜歡用「旁觀者效應」來解釋這個撲朔迷離的概念。想像在一個市中心的鬧區，有一個老先生掉進了運河裡。當下什麼事都不做，就是站在現場看著老先生陷入困境，目睹對方很可能當場淹死的過程。每個人都只是站在現場、等著別人去干預。同時，老先生在水中掙扎，還有幾十人旁觀。這就是旁觀者效應：發生了災難，雖然有很多人在一旁，卻沒有人採取行動。

我們在社會上其他危急情況中，也可以看見旁觀者效應。我們想要剷除種族歧視和偏執，但是我們做了什麼事去與其奮戰？我們希望不要有那麼多年輕人變成性奴買賣的受害者，但是我們做了哪些事來保護他們？我們希望可以阻止全球暖化、停用石油燃料，但是我們之中有很多人還是寧可開破舊的老車也不願意換成電動車。

好，回到運河事件裡。接觸了無為——也就是無所作為的藝術——的人，絕不會只是站在一旁，什麼都不做，眼睜睜看著老人家受苦。練習無為的人會毫不考慮就跳進水中，不擔心毀掉鞋子或身上的衣物，也不在乎有多少人旁觀。除了絕不被動，接觸過無為的人會果斷行事，沒有懷疑。他們會完全不思考自身利益就出手，盡可能讓老人家安全脫身。

無所知會讓你後退一步

探索像是「懷疑」這樣的概念時，可以從無為和無所為的藝術中學到一點東西。什麼事都不做跟無為的原則，也就是無所為並不一樣，而懷疑跟無所知也不同。

乍看之下，懷疑和無所知可能很相似。兩種情況都代表缺乏知識，差異在於懷疑會帶來不確定性，而無所知則是一種比較強固、更加有意識的狀態。講到培養提問的能力和蘇格拉底式態度的時候，無所知的概念對我們來說很有用。

當然，懷疑和無所知還是相關的。我有時候會把懷疑視為無所知的那個神經質的手足。無為是純粹的行動，在平靜中誕生，與自我無關，無所知也一樣，誕生於純粹又平靜的心靈。有所懷疑的時候，你會被困在這些思緒中。可是無所知會讓你後退一步，保持距離：

• 無所知在觀察的時候，什麼也不求。懷疑會一邊看，一邊希望有個決議。
• 無所知是要有意識地拋棄確切性，懷疑是想尋找確切性。
• 無所知是張開的手掌心，懷疑是緊握不放。
• 無所知是平靜地凝視，而懷疑的雙眼會飄來飄去。
• 無所知屹立不搖、勇於體驗，而懷疑則搖搖晃晃、東翻西找。
• 無所知視線遼闊，懷疑則只凝視一點。
• 無所知很有耐性，懷疑則力求解答。
• 無所知與自身相連，懷疑則想要追尋自己以外的東西。
• 無所知不想解決任何東西，對自己完全接受。懷疑則想要解決自己有懷疑的這個狀態，最好讓懷疑不存在。
• 無所知從恬靜與信任中生根，懷疑則是生於恐懼。
• 無所知給你一個溫暖的家，然而懷疑的家裡，暖氣常常故障。

想像一下你在一場會議中。這場會議上，有人提出了棘手的議題，必須做出結論。不用說，你手上有一大堆事情要處理，腦袋直轉個不停。這場會議來得非常不是時候，感覺要拖延非常久。但是你別無他法：那些決定就是得現在做，各方論點一定要被攤出來，選項必須要經過討論才行。

但是在你們一頭栽進整個流程之前，若能先互相問一句，「我們先讓自己處於五分鐘的無所知狀態裡，可以嗎？」可能會有什麼效果？

也許會讓大家都停下來想一下，也許大家在心裡比較優缺點的時候，能把零星的點子、想法速記下來。也許已經被採用的立場能被重新審視，或再度確認，這次的論點會經過更仔細的思考。只要五分鐘不被其他人連珠炮的意見轟炸，花五分鐘，與你自己的思緒過程和你的無所知獨處。

通常，我們都是想到什麼就說什麼。當然，那是你早就準備好要捍衛的意見，但是那個當下過去後，我們也很常不贊同自己。

蘇格拉底式態度：把同理心先放一旁

想要提出會讓你、讓其他人思考的這種重點很明顯、觀察又很充分的問題時，不得不說，同理心無法助你一臂之力。如果你的目標是要問出好問題，最好先把同理心關掉。在許多思想流派和各種訓練的要求中，降低同理心簡直可視為世紀最大惡行。沒了同理心，我們會變成什麼樣子？同理心才能讓我們往更好的世界邁進！但是在你判定這本書冷血無情、憤而合上書丟到角落之前，姑且相信我一次。把它當作用來練習剛學會的驚奇與好奇技巧的機會吧。

失控的同理心

我們先從頭開始看：什麼是同理心？同理心好在哪裡？同理心這個詞常常被點名，用法也有許多種，但是大多數都是指理解其他人的情況、感同身受的能力。要能夠用跟其他人一樣的方法去體驗這個世界，或至少是用你心目中他們體驗世界的方法。同理心代表的是要你去站在他人立場思考。一開始，你可能會自問：這有什麼問題？同理心一定可以讓我更了解他們吧？對，當然可以，支持「同理心」這個概念的粉絲，不意外地數量多且都很熱情。但是如果你是想要做出仔細思考過的道德抉擇、想要問有深度的問題、想要培養非常重要的敏捷視角，那麼同理心也可能會成為你最大的敵人。

耶魯大學心理學教授保羅・布倫（Paul Bloom）寫了一本書，書名非常直接：《失控的同理心：道德判斷的偏誤與理性思考的價值》。他在為《波士頓評論》寫的文章中提及：

> 每當有人問我在忙什麼，我通常會說，我在寫一本跟同理心有關的書。一般人聽到後，會微笑點頭回應，然後我就會補充道，「我反對同理心」。這話通常會讓對方發出不自在的笑聲。
>
> 一開始，這個反應讓我很訝異，後來我意識到，決定要反對同理心，就像宣布你討厭小貓咪一樣——這發言太荒誕，一定是開玩笑。

布倫接著解釋，他不是反對道德感、同情心，不是反對當個好鄰居、做正確的事，也不反對讓世界變得更好。實際上，他很積極推廣以上事項，但他反對以同理心來達到上述目標。布倫認為，如果你想要當一個好人，想要做好事，同理心通常不會給你什麼好建議。

他表示，理論上來說，同理心是一種力量，能夠幫助他人、在這世上做好事。但是大家應該要明白，實際上同理心的運作方式並非如此。研究顯示，我們的同理心往往會顯露出某種偏見：會偏向我們本身在社會上所處的那個群體，像那些看起來跟我們相似的人，以及外表特別好看的人或年幼的孩子。換句話說，我們的同理心其實一點包容力也沒有。

布倫將同理心分成「認知同理」及「情緒同理」。認知同理指的是運用你的理智力量，讓你可以站在他人的精神狀態立場思考，此為有用之舉。他舉例道，醫生診斷病情時要報告壞消息：如果能夠衡量出這個消息對患者的影響，一定會有幫助。只要善用社會智力，這是可以理性估算出來的。但是情緒同理就是另一回事了。醫療專業人員應該要讓自己被病患的感受淹沒嗎？布倫的答案為否：情緒同理的結果可能會造成外科醫生過度沮喪，無法進行手術。在其他像這種維持特定距離會比較合適的情況下——比方要做出道德判斷的時候——我們的直接情緒幫助就不大。對道德判斷有益的是理性反思，而非同理心。

同理心與同情心

布倫在他的著作和撰文中都提過，他覺得有一種東西可以取代情緒同理：他稱之為「非同理的同情心」。長遠來說，這比同理心能帶來的好處更多。情緒同理的問題在於——感受他人的苦痛——這麼做嚴重影響你客觀判斷的能力。

想像你最好的朋友的另一半去世了。真正的同理反應，是在他們身邊，跟他們一起感受那個痛苦。要盡可能去照著他們的模樣，感受那種驚慌失措、那種哀痛。

然而，我們應該要問的是，這樣做對你的朋友有什麼幫助嗎——更遑論對你自己的幫助了。

帶有同情心的反應，對所有相關人士都應該會有益處，讓你能夠幫助、支持自己最好的朋友，讓他們不被哀傷壓垮。

維持一定距離比較好的那些情況中，你需要的是同情心，不是同理心。同情心會讓人想要出手相助，與同理心不同的是，同情心還能建立一點距離，讓你得以觀察事件，同時避免自己在情緒中陷得太深，並且能多加聆聽和分析。只有先把同理心收起來，你才能問出適切且角度更深入的問題，這問題與他人有關，與你自身則無關。這樣一來，就能夠揭露更多細節和概念，如有需要，也能提供對質時所需的元素。暫停使用同理心，正是因為對方和他們的經歷對你來說太重要了。

在蘇格拉底的討論中，這個情況被稱為「同理心的中立」。你暫時關閉自己分享他人感受與苦痛的能力，以求維持一定的距離，保留提出批判性問題的能力。能辨識情緒和表達方式，但是不去同意或否定，這就是同理心的中立。在交談的時候，你的同理心發作，強迫你提供協助、給予建議或分享個人經驗，思考的過程就被打斷了。如果你能保持同理心中立，就能打造一個空間，讓對方專注在自己的思考過程，並且加深深度。在某些情況中，這就是最好的禮物。

同理心的中立讓你可以堅持你的提問。面對與你交談的人以及交談的主題，你都可以後退一步，讓你可以看看哪個問題會讓對方覺得被挑戰，能夠加深他們的觀點、幫助他們思考。當然，這個過程與純粹且專注的聆聽必須同時進行，我們後面會再回到這點來進一步說明。

蘇格拉底討論中的同理心中立

蘇格拉底非常擅長解除自己的同理心。他在對話中質疑事實、論點和假說，毫不手軟。他對同理心中立的投入程度常常讓他人覺得有壓力，或者讓對方變得憤怒或羞愧。那些人一開始還以為對方會用一種同感的方式對待自己，像是「我知道你的意思」或者「天啊，好可惜」等等，並產生一種錯誤的安全感。但正是因為蘇格拉底拒絕這樣同理他們，與他的對話才值得進行。每個人都確實地思考過自己的立場。概念有了不一樣、更深切的意義，也有空間可以容納新的看法。如果蘇格拉底用同理的態度去回應這些人——「噢，我知道你不開心，我替你難過。不然我們去喝一杯吧。」——我們就可能會直接錯過他的對話中的珍貴內容。

然而在我們的日常生活中，卻常常選擇與他不同的做法。不斷鞭策自己學習更有同理心、用盡全力去感受他人的痛苦，過程中犧牲了提出必要且切中要點的問題的機會。比起滿懷好意的同情拍拍，有時候對方其實更能從認真挑選的問題中得到收穫。

你看出同理心的缺點了嗎？同理心的中立能如何為你所用？

實行同理心的中立：亨麗耶塔的哲學探索

我展開了一項哲學實踐計畫，讓大家把覺得對他們來說很重要的人生問題拿來尋求協助。通常是一直縈繞在他們心中的那個問題——那個儘管花了很長時間認真思考，還是沒辦法好好回答自己的問題。我們會一起討論這個問題，同時把藏在其中的其他問題和預設立場也拿出來討論。

你可以說我的角色就是負責用更多更狠的問題來糾纏本來就已經滿心疑問的委託人。我會問出能刺激、能讓委託人思考的問題，甚至會讓他們覺得很不安。我的目標從來都不是把他們逼到極限外，或是挖苦他們的困境。我的目標其實是跟他們一起變得更有智慧——對於自己實際上在想什麼、思緒的根基是什麼，更長智慧。記住了同理心中立的概念後，我們就可以一起用完整的視角檢視議題。「你的想法真的合理嗎？」「真的合乎邏輯嗎？」我們會把一大團糾結的思緒鬆開，把互相關聯的思緒隔離開來，審視那些論點背後隱藏的預設想法，質問那些判斷和假定。

在這樣的交談中，分析你是誰、你思考的內容，正是最重要的。蘇格拉底說過，「要了解自己。」這句話也包含要去看清楚那個比較沒那麼討喜、沒那麼有吸引力、有點令你羞愧的自己。在最清楚的光線下，看著鏡中的自己，殘酷地面對你的本質和你的思緒。

了解自己的意思是要我們發現，有時候自己很自私無禮、是個混帳，有時候我們會歧視他人，或者做出不理性的舉止，做人小氣又愛把人呼來喚去。這些都是我們經常隨手貼在他人身上的標籤，但是卻很少拿來描述自己。必須要先真誠地看待自己，你才能不分好壞，完整地了解自己。

亨麗耶塔來找我做哲學諮詢，她有個自己不太知道怎麼處理才好的問題。年近六十的她，在中學教倫理和宗教課程。她最開始的問題是：我是否有種族歧視？在這個敏感的議題上，像這樣的問題很少見。要自問這樣的問題，需要有點勇氣，要跟其他人一起，用哲學對話的方式進一步探索，需要更大的勇氣。她已經做好咬牙尋找真相的覺悟：沒有人會踏入哲學競技場的同時，還期待有人會給你同情拍拍。她會與自己最深的思緒對質、去證實那些思緒。答案很可能是「對，我就是種族歧視分子」。坦率地面對像這樣的事實，可能會讓人踏入各種痛楚和不悅感中。

亨麗耶塔決心要好好探索關於自己的這個念頭，但是這個疑問既沉重又艱難：問題陷入了自我審查。我們人生中有許多重大問題都受到羞愧與罪惡感所苦；這也就是為什麼我們總是想先把問題推到一邊去，然後喝杯酒、追個劇或漫無目的地刷刷臉書來讓自己分心。但是亨麗耶塔已經找了我當她的夥伴與導師，鼓起了勇氣，對自己問出那個問題。

我請她說明心中那些被她標記為種族歧視的念頭。她的反應非常羞愧。「不行，我真的說不出口。我不敢說。真的是很糟糕，我教的科目可是倫理與宗教啊！我應該要成為學生學習的對象，我不應該想那些東西。」我們從聊她的工作開始，她的答案顯示出一股非常堅持的價值觀，「教倫理與宗教的人應該要有特定的行為模式，不應該亂想一些錯誤的東西。」後來她很快地同意，除非自認是個完美的道德英雄，否則就應該放下那樣的堅持。

逐一討論過幾件事之後，她終於鼓起勇氣，開口說出自己的種族歧視想法：「我有時候會覺得黑人的智商沒有白人高。」話一說出口，她便漲紅了臉，不斷道歉。「我真的很抱歉。但我就是要說這個。這種想法完全不合理，我實在不應該這樣想。」

這時候，就該讓同理心的中立進場了。如果我要表現出同理的態度，就要安慰她的心情。但是這麼做對她一點幫助也沒有。

我們太常用敷衍的念頭來打發這些令人不悅的思緒和事實，比方「我其實也沒比其他人差」或是「大家都有自己不願意面對的念頭」。但是哲學對話的目的不是要安慰人或是掩蓋事實：哲學對話會幫助你追蹤自己無意識中產生的想法、判斷、假設和推論。目標是讓他們接受一連串的搜查以及批判性問題。

一個躲在你的腦袋裡、影響你看待世界的想法，不應該被撫平、被冷處理、被驅趕到一邊，或被一條小小的愛心毛毯包好放到床上。像亨麗耶塔這樣的思緒很值得拿出來認真探討，也應該透過提出「我真的這樣想嗎？」這樣的問題來檢測。只有如此，你才能帶有批判能力、清楚地去看待這些思緒，並且重新判斷這些想法是否與你看待這個世界的態度、與你看待人性的態度一致。

所以，與其對她採取同理心，我請亨麗耶塔舉證，為何她會覺得黑人不比白人有智慧。「嗯，」她說，「比方說，我在學校裡的教師辦公室環顧四周，或者在學術研討會場地上看著身邊的人，總是白人比黑人多。這些場合裡總是可以看見較多白人，所以一定是因為他們比黑人受的教育更高。我的結論是建立在這件事上。」

她在這裡使用的推論方式，屬於「軼事論據」的一種：將個人經驗中的某一次情境拿來做概括結論。就像是「我奶奶也抽菸，但她活到九十三歲，所以抽菸不可能太傷身吧」一樣。旁觀者要戳破這種宣言很容易，把一個抽菸的奶奶的例子拿來套用在所有人身上，這種事情毫無邏輯可言，但我們卻一天到晚這麼做。除此之外，我們在說這種話的時候，還真的都深信不疑。

如果有人像這樣「受困」於自己的思緒當中，你身為提問者的目標，就是要讓他們的批判能力再次動起來。你要找的，是一個可以讓觀點改變的東西，一個讓他們能用不同角度看事情的方法，讓之前確信的念頭重新被聚焦。要做到這些事，你需要的就是距離。你要能觀察。你需要清楚且沒有雜物堆積的腦袋。你不需要的，是同理心。

以亨麗耶塔的例子來說，我選擇使用「如果」問句：「如果下個月，你被派到奈及利亞的中學進行交換計畫。想像一下教師休息室的模樣，看起來會是什麼景象？」亨麗耶塔沉默了一會兒，她在思考。「會不一樣，」她說，「當然，那裡會有更多黑人老師。」

「所以說呢？」我問道。有時候，幾個字加上一個問號，就足以促使一個人做出更合理的結論。

「所以我可以說是因為我所身處的環境，人口組成受到了限制。我對於黑人的假定並不是事實，只呈現了我自己的狀況以及我身邊的人的狀況。我以為是合理的證據，其實一點都不合邏輯。」

「你心裡的這個論點，黑人不如白人聰明，還有其他證據可以支持嗎？」我問道。有時候你得克服好幾個論點，才找得到底線。她認真地想了很久。「沒有。只有這個而已。」我又換了幾個方式詢問，確認真的沒有其他想法可以拿來證明她最初的那個結論。不論我們怎麼找，她也找不出其他證據了。

亨麗耶塔的思緒在這樣的審視下，根本站不住腳。她用一個僅限於教師休息室裡的觀察，就打造出一個判斷。她從這個觀點出發，得出一個沒想過要再花點時間思考的結論。隨著時間過去，這個結論成了她信以為真的觀念，等到她開始反思這個觀念的時候，才被嚇了一大跳。透過對話，抽絲剝繭地解開這個過程後，她先是稍微疑惑了一會兒，然後得出一個新的領悟：這個有問題的心理結構究竟是怎麼堆疊出來的，現在就很清楚了。她不僅找出了已經腐敗、需要替換的部分，還得到了精神上的自由和彈性，可以檢查、探索其他思緒面向。

與亨麗耶塔進行的這段諮商讓我們知道，一個人可能被自己的思緒困得多深、多麼無路可逃。這些人往往只能在原地打轉。這種思維往往伴隨著這樣的評論：你的腦海中出現了一個想法，但是你認為這個想法不好，覺得自己不應該這樣想，所以你無法讓自己好好檢視其內容。但是你如果有勇氣去質問那個想法，就能夠獲得思考的空間。你等於是為自己創造了新的選項。出於同理心而安慰你、安撫你的人，還有那些會說「你不能這樣想！」來否定你的人，跟這些人談話完全沒有意義。你需要的是一個會真心把你說的話聽進去的人，這個人也要能保持一點距離，然後勇於問出稍微深入一點的問題。

練習：訓練你的同理心中立

找一場對話，下定決心只要問問題就好。這個練習最好可以找好朋友進行，並且先跟他們解釋你在練習什麼。請對方談一談心裡那件讓他們很煩的事情，那件幾個禮拜前才發生、還在腦海中記憶猶新的事。在超市裡插隊的男子、公路上逼車的傢伙、與公婆或岳家發生的爭執、工作上的事件。

對方說話的時候，你就聽。不要去認同他們的困境，也不要肯定他們的情緒。遠離像是「有夠沒禮貌吔！」或是「太可惜了！」這種評論。只要聽就好了，保持安靜。

等到對方說完了以後，問一個事實性的問題。現場還有誰？吵架維持了多久？你有什麼感覺？什麼東西讓你生氣？問了問題以後，再次保持安靜聆聽。等對方回答以後，再問下一個問題。重複這個流程。這件事做起來會有一點反直覺，我們都太習慣在聊天的時候一邊跟著東說一點西說一點，讓對方覺得講話的時候被認同。但是這個感覺沒有錯：同理心的中立的確與我們平常熟悉的對話模式大相逕庭。

發展自己的蘇格拉底式回應

《十二怒漢》（12 Angry Men）是一部我看不膩的電影，一部經典法庭影片。故事繞著十二名陪審團成員打轉，這十二人都是男性——一九五七年的生活就是這個模樣——他們要決定一名走上歧路、被控弒父的青少年的命運。

這十二名陪審團員得知，若判決為有罪，男孩就會被判處死刑。不僅如此，這個判決必須由陪審團全數通過，不論是「有罪」還是「無罪」。法庭陳述結束後，這十二人回到陪審團室，開始審議。

他們決定先進行第一次投票。主席請認為男孩有罪的人舉手。這時候，電影才開始十五分鐘。這十二名個性、傾向、挫折感都不同的陪審員投出了自己的票。十一人舉起手，然後憤怒地環顧四周，尋找那唯一的異議者：八號陪審員，由亨利·方達飾演。電影接著精采地分析了這個群體中的張力變化。

其中一名陪審員輕笑，「哎，天啊！總是會有那一個。」

「你真的覺得他是無辜的嗎？」另一名陪審員問道。

「我不知道。」方達猶豫了片刻後說道。

「你跟我們一起坐在法庭上聽了一樣的內容，那個男人就是個危險的殺人凶手。你應該看得出來啊。」

「現場有十一個人都同意了，」有人補充道，「沒有人有其他想法，除了你以外。」

「我想問你一個問題，」另一個人說，「你相信他的說法嗎？」

方達回答：「我不知道我相不相信。也許我不信……可是我們討論的是一個人的性命。我們不該只用五分鐘來決定。搞錯的話要怎麼辦。」

另一名陪審員的回答，是群體動力學的標準範本：多數總是會想要說服少數。陪審團主席對這件事毫不掩飾：「也許這位不同意我們意見的先生可以分享一下理由。你懂的，告訴我們他的想法——我們可以跟他說，他大概是哪邊搞錯了。」

他旁邊那位跟著說：「在我看來，現在責任在我們身上，要讓這位先生了解我們是對的，他是錯的。也許我們可以花個一到兩分鐘……」

這個群體的反應是要把少數意見拉到多數意見這邊來，越快越好。「那位先生」必須接受多數人是對的。我不知道你們覺得怎麼樣，但是這個景象我在會議上、大型聚會上或小組討論上都看過。就算是小時候，自家人在餐桌上聊天也是，反對意見總是要被挑出來，推往群體共識的方向，越快越好。

蘇格拉底式回應則是完全與上述做法相反：重點是讓少數人的聲音擁有足夠的空間生存。為什麼呢？

因為有趣的觀點、新的想法、替代方案和新觀念都可以在這裡找到。我們常常太急著想消滅其他聲音，就算我們可以從這些聲音裡面找到許多智慧也一樣。

《十二怒漢》裡的亨利．方達最後成功地說服了其他十一名陪審員，做出被告無罪的判決。透過仔細且嚴謹地檢視所有證據之後，越來越多陪審員被說服，改變了看法。最後，男孩被釋放了。

練習：鍛鍊你的蘇格拉底式回應

遇見持反對意見者的時候，遇見跟你作對的論點的時候，甚至是那種你覺得根本應該要受到譴責的觀點，先從自己第一時間產生的「要把對方改過來」的這個想法中抽離出來。然後花點時間，讓自己沉浸在對方的思緒中。最糟的情況會是什麼？往好處想，這麼做可能可以帶你去看到幾個新觀點；在這個過程中，對方的思緒也可能會出現改變。你們兩人都能夠變得更有智慧一點。

「把外國人都趕出去！」極限版蘇格拉底式回應

訓練你的蘇格拉底反射動作是一件事，情況變糟的時候還要繼續保持，又是另一件事了。我認識的一位高中老師曾經跟我提及他的一名學生，這邊就先稱他為丹尼吧。

某天，在課堂討論的時間裡，丹尼突然發表意見「我們應該把外國人都趕出去！」自己的學生說出這樣的觀點時，肯定會有點震驚。你的直覺反應，應該是會介入其中，糾正他們，要他們當下就改正思維。你可能會覺得怒火中燒，或是想要把他趕出教室，也可能是想要處罰他。

本質上來說，你的腦海中轟然產生的訊息是「你不應該這樣想，更別提在大家面前這樣說出來！」這是可以理解的反應，但是產生的幫助恐怕不大。如果你把這個想法直接表現出來，丹尼很可能會繼續堅持他的想法，並且為自己的立場辯護，而無法採用敏捷視角。不如試著從蘇格拉底或愛比克泰德身上學幾招。讓他們引導你，可能真的會有點進展。

採用你的蘇格拉底式回應，啟動好奇心與驚奇的態度，真誠地對丹尼提問。在這種情況下，對方的想法跟你本身的想法天差地遠，就等於是有非常多的差異性等著你去開發、理解。就算你完全不贊同對方的意見也沒關係，沒有人一定得同意誰才行。你要做的事情是真心地去努力，把自己放在對方的立場，過程中不要有任何批評的想法。最後這點提到的「不要有批評的想法」很重要，因為我們太容易問出帶有批評意味、厭惡或帶有嫌棄態度的問題，一旦如此，這段對話就只會原地踏步。

以丹尼的例子來說，你可以問：「你的意思是指哪些外國人呢？所有嗎？還是其中的某些人？」「要把那些人趕出國的判斷標準是什麼？以所作所為來評估嗎？還是說重點在於他們本身或父母的出生地就可以判斷呢？」

我非常好奇他會給出什麼樣的答案。他的論點背後的邏輯是什麼？如果可以跟丹尼開始一段對話，讓他覺得你是真心想要了解他的思考方式，而非只是立刻要他改變，那你就能更進一步，試著將他的思緒延伸出去一點，邀請他跟你一起探索這些想法，一起來證實其中的概念。「如果所有外國人都要因為不是在這裡出生，所以必須離開，那你的朋友呢？我知道你跟亞米爾交情不錯，但是他不是在這裡出生的，如果照你的標準，那他就是外國人了。也就是說，必須把他趕出國。你的想法具體是要怎麼運作呢？」

壓抑自己的不同意，跟認同或贊同對方的觀點並不一樣。但這也是我們常會落入的陷阱：除非我防禦，否則就是默認對方說的話。我們總是想要從魔術帽裡面變出一連串的看法，用來讓對方眼花撩亂、給對方建議，但是這樣做是沒有用的，還常會導致極化的結果。對方只會越來越確信自己的想法沒有錯，你也一樣。在沒有人願意聆聽的情況下，談話雙方就像是在對牛彈琴。

蘇格拉底式回應可以增加許多討論或歧議的深度。不論如何，都一定能帶來彈性：你會將思緒延展到自己的觀點以外的範圍，讓自己可以從他人的視角得到收穫。從上面的例子看起來，提出仔細調整過的蘇格拉底式問題，可能就可以提供丹尼一些新的看法，或者至少能讓他面對自己的陳述中的不足。這點本身就是很有價值的發展，光是靠著脫口而出一句「你不能那樣說！」是辦不到的。

蘇格拉底式態度：忍受不悅感——都是過程

不是每個人都對於自己說出來的意見被質疑這件事做好了準備。鍛鍊你的蘇格拉底式態度通常會牽涉到要求自己不要做出對方預期你會做的反應。不要愉悅地跟著聊、不要提出建議、不能總是表現出同情的反應和那些大家都很熟悉的肯定表現。這件事有時候會引來不悅的反應。但沒關係。沒有摩擦，哪來火花呢？不悅感出現的時候，通常是因為你問出了讓某人開始思考的問題，或者是你說對了。這表示你有時候必須咬緊牙關，做好準備，對方可能會直接把不悅的情緒發洩在你身上。

我記得有一次我在跟我媽對話的時候使用蘇格拉底式態度，結果引爆一連串的負面情緒。我去了一趟墨西哥度假，但是我忘了打電話給她報平安。我媽對此不太開心。

「小孩出遠門本來就應該打電話給父母報平安！」她堅持。

我坐在那裡，蘇格拉底式模式全開：我沒有用同理的態度回應她，而是對於她這種價值判斷來自何處非常好奇。我沒有替自己辯護，而是真誠地想要知道「小孩出遠門本來就應該打電話給父母報平安」這件事是否為真。我問她生氣的原因，問她這個假設的背後的想法，以及這個孝順觀念的緣由。我的冷靜反應想必是引發了更強烈的不悅，因為過了一會兒之後她爆氣地說：「你就不能正常交談嗎？」

而我以問題——不意外吧——來回答她。我問她對於「正常的交談」的了解是什麼。「就……正常啊！有感情、有內容那種！」這次交談讓我學到兩件事：

1. 交談中若有交換情緒，這段對話就會被視為「正常」。但是其實可以好好想想事實是否真是如此，以及那些情緒在你們的對話中是否真的有所幫助。

2. 如果有人期望收到他人的同情，結果卻與期待相反，通常會造成失望和挫敗感。所以你一定都要保留這樣的選擇，先用同理心和理解的態度開場，然後透過提問來轉換到比較接近蘇格拉底式對話的情境中。如果你決定不要這麼做，想要秉持好奇和驚奇態度來提出問題，那你就只能接受對方的不悅並了解這個狀況：這是過程的一部分，不是針對你而來。

蘇格拉底式討論的架構

在商業世界，以及範圍比商業世界更遼闊的藝術與文化核心世界裡，「蘇格拉底式討論」這個詞越來越常出現了。這本書的出發點，是你透過這種類型的交談來鍛鍊出的態度，以及蘇格拉底式討論本身的架構。這個架構能夠幫助你問出非常銳利且切入重點的問題。閱讀本書不會讓你馬上就掌握這種討論的所有細節、熟知所有技巧，但是能夠幫助你理解一旦開始練習這些新的提問技巧之後，未來可以達成的目標。

蘇格拉底式討論是雙方思緒的見面會，是一場針對思考過程的探索性交談，參與談話者可以深入探查他們怎麼想、為什麼這麼想。這整件事的目標，一樣是增長智慧。我們採用某些特定的概念時，意味著什麼？面對某個情境時，我們會怎麼想？這不是那種要說服對方或是替自己的觀念辯護的對話，而是針對「弄清楚狀況」所進行的一場開放式調查，要找出隱藏的預設想法，努力取得智慧。我們的言詞與想法會因他人的言詞與想法而更加聚焦。最後就能得到一個更加踏實且能夠共享的看法。

透過無止境地對彼此的言論提問，蘇格拉底式討論是一種可以讓你跟他人一起取得智慧的方式。像這樣的討論，現在在各種組織和休閒情境中都常見：像是大銀行、健康醫療中心，醫師、律師之間的討論，好朋友之間聊天，甚至監獄中也會進行。這個方法的本質讓其可以套用在社會上各式各樣的情境中。

蘇格拉底式對話的過程

蘇格拉底式對話有一個固定的架構，借鑑了大約兩千五百年前蘇格拉底所採用的方法，其中包含了幾項關鍵原則。熟知這些原則很重要，因為這就是問出好問題、發展出哲學態度和尋找共享與真正知識的基本功。你準備得越周全，就越容易真誠對待自己的直覺、相信心中的疑問。

從一個哲學問題展開的調查

蘇格拉底式對話會繞著一個哲學問題展開，這個問題與整個群體都相關。是Google沒辦法幫你的那種問題。答案在維基百科上找不到，報紙專欄或生活風格雜誌上也找沒有。只能透過一起增加智慧、一起花時間認真思考、提出其他問題，才能進一步探索這種問題。也可以藉著拼湊出答案、對其提問，同時探索新概念。

你在與他人交談的時候，自身觀點的定義會更加清楚。在小組討論的時候，透過清楚地表達自己的觀點、態度開放且專注地聆聽，以及提出問題來訓練自己。能夠啟動蘇格拉底式對話的問題一定會包含一個或更多該小組想要深入探討的主要概念。什麼是正義？什麼時候可以說謊？什麼時候該停止協助？醫療專業人員可以替病人決定哪些事？法官可以有自己的意見嗎？哪時候偷竊是正當的？所有有趣的問題、會激發思緒且能觸動情緒反應的問題。能打開一扇門，讓人去探索新的觀點、發現連結和調查新思考方式的問題。

除了核心的那個哲學問題以外，蘇格拉底式對話會從參與者提出的單一案例分析出發：貫穿整場對話的一起真實事件。生活中的重大概念，例如「說謊」「正義」和「合作」在日常生活中受到測試、運用的時候，會獲得更大的意義。

用抽象的方式來交談，通常不是什麼難題。如果我問一組人「何謂說謊？」通常很快就能找到一個整個小組都多少同意的定義。要回答像「什麼時候該停止幫助？」這種問題，可以用一個概括的答案，聽起來合理又有說服力。但是如果焦點鎖定在真實生活裡的一個特定情境中，那又是另一回事了，這時候你就會發現粗略或抽象的處理方式不再可行。你會發現自己必須選擇一個立場，必須去解釋這個立場。在這個特定案例中的這個特定答案，是否構成謊言？為什麼是？為什麼不是？這個特定的行為可以被視為協助嗎？專注於單一例子上，可以帶來一個基本架構，並且讓對話產生深度。

案例：「面對朋友，該不該說謊？」

我主導的一場蘇格拉底式討論，焦點放在「面對朋友，該不該說謊？」這個問題上。我請每一位參與者寫下最初想到的答案，「是」或「否」，以及一個佐證的論點。意見相當分歧。有些人認為為了要保護其他人，或者立意良善的話，說謊沒有關係。其他人不認同，並認為在真正的友誼面前，每個人都一定要說實話。

小組中的其中一個成員艾斯特，提供了以下的例子：

我的一名摯友一直沒什麼感情運。她曾經毫無理由被男友拋棄、認識的男生背著她跟其他人約會，還遇過一些對她很壞的人——大家應該可以想像是什麼狀況。幾個禮拜前，她來找我，完全陷入熱戀的模樣。她認識了這個貼心、有魅力又風趣的男子。兩人開始約會了幾個禮拜後，她被他迷得神魂顛倒。我已經好久沒見過她這麼開心的模樣了。

「結果原來他是你朋友的朋友。」她邊說邊刷著手機的照片。她把照片給我看的時候，我只能想辦法把到嘴邊的話給嚥下去。我認得那張臉，知道他的名字，也知道他的名聲。我朋友跟我說過，那個男生總是同時約會好幾個對象，而且也曾經被警察找上門。「怎麼樣？」我最好的朋友問我。「你覺得呢？」

我不忍心告訴她實話。最後我只說了「嗯，我知道他，不過不太熟。他看起來人不錯。我很高興你們在一起很開心。」

這時候，情況就變得很有趣了。這麼做，算不算說謊？在這種情況下說謊，可以嗎？既然開始討論這件事了，也來想想這段友誼能不能算是真誠的友誼？為什麼可以？為什麼不行？小組開始針對這個特定案例討論，檢視與其相關的概念：謊言、事實、友誼、條件、忠誠、保護、感情關係等等。深入探討單一案例，讓他們能夠更清楚地檢視自己的每個觀點。參與者必須集中思緒過程，鑽研他人的觀點，提出一個又一個的問題，探索情境中的微妙之處。這都是尋找智慧的過程。

在討論尾聲，我請每個人再次回頭看看自己被問到「面對朋友，該不該說謊？」這題是非題的時候，第一時間留下的答案。他們還會用一樣的方式表達自己的看法嗎？還是說他們會換個方式來說呢？沒有人繼續堅持最初寫下的答案。透過剛剛的討論，思緒概念已經有了新的意義，細微的差異和連結變得更清楚，他們也終於透過自己的雙眼看清了自己對於這件事的真正看法。

蘇格拉底式討論的結果會遠超過「好啦，我們已經來回討論過幾個想法，終於弄清楚意思了」，而是會產生更多探索與詢問的機會。你會一直發現新的概念值得提問，還有新的關聯性可以去摸索，你一直鍛鍊的哲學態度和技巧也會變得越來越熟能生巧。

蘇格拉底式討論不會從定義開始

我引導蘇格拉底式討論的時候，常常會聽到有人一開始就說：「好，但我們不是應該先定義一下願景／正義／勇氣／友誼／謊言／協助嗎？」

當然，這是可以理解的反應：有清楚可靠的定義可以使用，會讓人產生掌控的感覺、覺得有東西可以依賴，這種感覺很有吸引力。但是在蘇格拉底式討論中，這麼做通常會適得其反。事實上，這個做法對你一點好處都沒有。概念和標籤，通常只有在你把它們加諸在某事物上的時候才有意思。

有一場蘇格拉底式討論我至今仍記憶猶新，參與的人包含學校老師和行政人員。開始的時候，我們討論的問題是「遠景這個概念哪時候開始變得礙手礙腳？」討論的日常情境舉例，由小學老師拉拉提供。她服務的學校打造了一幅非常清楚的藝術教育藍圖。這張藍圖強烈聚焦於藝術過程，清楚地強調學生應該擁有自治權與主權。教師角色僅限於監督，以及在過程中稍微引導，不能命令或指點學生。校方聘請了一位新教師來教六到七歲的孩子。她在面試過程中表示對於這樣的願景非常認同，並表示自己心胸開闊，且很熱愛學習。然而實際上卻不是這麼一回事：這位心胸開闊的新任教師表現出來的行為十分固執己見，並且只就預訂好的主題提供傳統課程。換句話說，她的表現完全無視校方的願景藍圖。當時拉拉認為校方的願景與其說是助力，更像是一種阻礙。對新教師來說是如此，對於教職員工整體而言也一樣。

這個實例在小組成員面前攤開來讓他們討論。校方真的有個願景嗎？這個願景是否成了絆腳石？是誰擋住了這個願景？新老師嗎？還是所有教職員？或者只有拉拉呢？我們正要開始探討這些問題時，另一位老師停止了討論並說：「可是我們不用先把『願景』的定義弄清楚嗎？也許我們對這個詞真正的意義有不同的看法。」

她說的不算錯。小組中的每一個成員很有可能對於願景的意思有不同的看法，但是只要開始將這個概念套入拉拉舉出來的例子中，這點就會在討論的過程中釐清。一旦落入「定義陷阱」，開始與願景的抽象理論角力，想要弄清楚哪些合乎定義，哪些不合乎定義，幾個小時很快就會被消磨殆盡。也可能完全相反：有人拼湊出聽起來非常合理的定義，大家或多或少都覺得同意，但是五分鐘內你就會開始修改自己的定義，因為那個定義不太適用於眼前的情境。蘇格拉底式討論永遠不會從定義概念開始，而是會從採用概念開始，摸清概念的意思是什麼，不會用概括的定義來把概念框起來。

另一種常見的情況是這樣的：休息時間過後，大家回到蘇格拉底式討論之中，有人一臉自信，手上握著智慧型手機。「問題解決了！我用《牛津英語大辭典》查過了。跟你們說，辭典上說的正義／勇氣／協助／榮譽……」如今我的標準回答是：「那你覺得呢？《牛津英語大辭典》說得對嗎？上面的詮釋在這個情況下適用嗎？」

我們整天都在發表評論。面對特定的情況，我們會把自己對事情的看法總結起來。「在這個情況下，他不應該說謊。」「嘴裡有食物還說話的人就是不尊重其他人。」「跟歐嘉一起工作很愉快。」然而，當你針對某個特定的議題表達立場後，這個立場產生的原因卻常常模糊不清。你的宣告就好像說笑話的時候只講笑點，沒講其他部分：我們還是不知道為什麼你覺得那個人不該說謊、不知道為什麼嘴裡有食物還說話就是不尊重他人，也不知道為什麼跟歐嘉一起工作很愉快。

進行蘇格拉底式討論讓你能夠揭露這些論點背後的原因。你會看見某些情況下，你根本不知道自己原來有那些對於人性的批評、價值觀、論點和成見。蘇格拉底式討論有點像是把某人的思緒過程倒帶：有人針對現實狀況做了一個評論，然後透過問問題來帶你繞到評論背後，你慢慢抽絲剝繭地去找到評論的立足點。

「跟歐嘉一起工作很愉快。」

「為什麼跟歐嘉一起工作很愉快？」

「嗯，首先，她很準時。」

「所以說準時就能讓人成為合作愉快的對象嗎？」

「對，我覺得就是這樣。歐嘉很準時，這點讓人在跟她合作時感到很愉快。」

「準時」是這個人的定義論點，但對於其他人來說不見得有一樣的看法。其他人可能會覺得跟歐嘉一起工作很愉快，是因為她很友善，時不時會烤蘋果派給大家吃，也可能是因為她會替大家泡一大壺濃咖啡。

對於像是「跟歐嘉一起工作很愉快」「我們的團隊合作很協調」或是「傑克的行為實在不可原諒」這類說詞，就算大家都點頭表示同意，也不代表所有人的意思都一致。

在蘇格拉底式討論中，參與者會努力達成共識

在你開發自己的疑問態度時，這個重點請一定要牢記在心：努力達成共識。本著想要說服對方的那股決心，我們常常陷入拔河狀態，而不是開放地討論。我們就是想要對方用我們的方式看待事物。

努力達成共識聽起來也許很空洞，但是實際上並非如此。不單單只是要你讓步，然後手忙腳亂地找一個一看就覺得很安全的中間地帶停留。也不是要你把話題丟下，然後尊重彼此意見相左這個事實。努力達成共識的意思，是要能夠一直去搜尋，去尋找細微的差別，尋找各種概念的外部極限和其詮釋，尋找差異和相似之處。我們太常見到的情況，是在對話剛開始變得有意思的時候，整段對話就戛然而止，這正是歧異開始變得清楚的時候。突然間我們就退縮了，把調查的結果付諸多數票決定，或者接受「這就是我的答案」「你可以有不一樣的意見」這種熟悉的念頭。

優秀又有深度、甚至是有哲學思維的對話的喪鐘，正是「我的答案」和「我的意見」。如果實用哲學的重點是對追求智慧的渴望、尋找可以共享的真實知識，那麼那樣的知識一定要超越每個人自己的個人經驗才行。「我對事情就是這個感覺」不是事實陳述，也不算是一個可以一起檢視的論點，所以「是否為真？」這個問題在共同尋找智慧的時候，一定會被放在核心的位置。

在面對現實的時候，那句話派不上用場，實際上僅僅描述了某人本身對事物的感受而已。回應「我覺得亞伯拉罕做出那種反應是他的自由」這種類型的評論，頂多就只能得到「好，謝謝你分享看法」。同樣的道理，「我覺得我們在這個案子上的合作效率不太好」這個評論上也適用。這個評論很明顯是個人的感受或意見，但是你們無法一起探索這種評論的真實面貌，想要從個人感受或意見中量測出事實也沒有太大意義。除非說話的人是故意要誤導我們錯判他的感受和他們的信念，有人說「我就是這樣覺得」的時候，當然我們會認為是真的，他們說「我相信……」的時候也一樣。

「亞伯拉罕的行為很合理」或「這個專案的合作沒有效率」這種評論是可以被質疑和檢視的。你可以進一步地看看這些人有沒有一起合作，有沒有效率，然後找出原因。你可以查明亞伯拉罕具體是做了什麼事，判斷到底合不合理。感覺或意見，都是很私人的事情。不用介意自己有感覺或意見，分享也沒有問題，但是不要把這兩種東西帶進哲學對話中當作研究的材料，因為這兩件素材一點用也沒有。

達成共識跟「這個主張是否為真？」這個問題有很大的關係。只有在那些主張真的是針對真實世界的主張，而非主觀意見的時候，這個問題才有意義。另外也要注意，努力達成共識，與實際上達成共識是兩件不同的事。達成共識實際上並不重要，在蘇格拉底式討論中，重點在於你投入的努力。討論背後的目標與動力：從無所知的立場，秉持好奇的精神，想要一直尋找下去的渴望。

同樣是實用哲學家，米莉安・范・賴揚跟我提過一場她引導的蘇格拉底式討論過程。他們選來討論的例子是一名父親提出的，與他的女兒有關。女兒的狀況不太好：身負重債，處於一段互相傷害的感情關係中，而且還用藥成癮。這名父親想要金援女兒。一開始是偶爾出手協助，後來變成每個月都要給錢。他希望這筆錢能夠幫助她讓生活回到正軌，可是事與願違。他發現自己給的錢都被女兒花在毒品上，最後決定斬斷金援，然而這時金援手段已經持續了五年之久。

蘇格拉底式檢視的過程接下來面對的是這個問題：哪時候該停止協助？其中一名參與者認為，在這個例子裡，那位父親早該收手了才對。另一人不同意：「不對，永遠都不該停止幫助自己的孩子。」對於到底該何時停手，每個人都有不同的看法。米莉安解釋道：「最後，大家達成的共識——或多或少吧——不是在案件本身裡面找到，而是在另一個範圍更寬的層面找到的：我們最後下的結論是認為，在你提供的協助不再有用的時候，就應該停手了。」

這個例子就是「共識」在具體層面無法達成，不過出現在比較抽象的層面。然而即便如此，仍有更多問題要問，更多內容等著被發現。在這個例子裡，協助是從哪時候開始變得沒有用處呢？又該由誰來決定什麼東西有沒有幫助：提供幫助者，還是接收幫助者？多問幾個問題，你會發現本來以為已經找到的共識，八成又化為烏有。這就是為什麼努力去尋找共識這麼重要。這樣一來，整個對話才能夠繼續前進，讓引擎持續運轉，確保過程會調查下去，參與者也都積極讓其持續不斷。如果不再努力尋找共識，而是開始想要直接達成共識，在你發現之前，整個討論就會往極化的辯論一去不復返，或者變成閒聊現場。

練習：一直努力尋找共識

找一個人對話，先從一個你們雙方都沒有答案的問題開始，且你們兩個人都覺得這個問題值得探索。「可以對朋友說謊嗎？」這個問題也許是個不錯的開始。可以先問問看有沒有實例：你有沒有對朋友說過謊？你當時是否覺得自己的行為沒有問題？為何當時看來，說謊是對的？那樣的謊言在所有情境下都是對的做法嗎？

著手去找尋新的見解，而不是想要說服對方贊同你的看法。如果你可以下定決心，暫時不要把注意力集中在自己的意見上，而是全心去聆聽對方想說的話，會很有幫助。真誠地聆聽對方的看法，然後簡潔清楚地表達你自己的看法。接著，一起尋找共識。你們的看法在哪個部分重疊？在哪個地方分歧？這些分歧處有辦法銜接起來嗎？

接受你們「不一定要找到共識」這件事，努力去找到共識的過程才是重點。你可能會發現自己從「尋找共識」的過程中，慢慢變成想要說服對方，或者注意到自己和對方都已經停止思考，開始為自己的看法辯解。注意到這樣的狀況出現時，先進行自我檢視。是什麼東西讓你放棄尋找共識，轉而變成為自己的思想辯護？下次要怎麼避免？

你可以從以下幾個問題開始：

- 暴力在哪些情況下是正當行為？
- 我們該幫助需要幫助的人嗎？
- 哪時候問問題不合時宜？
- 人一定要一直保持誠實嗎？
- 盜竊一定是不道德的嗎？
- 有沒有可以不尊重他人界線的時候呢？

在培養提問技巧的過程中，你一定會跟蘇格拉底遇到一樣的狀況：反抗、反詰、矛盾。我們在接下來的篇幅裡會仔細討論後兩者，雖然聽起來很陌生，其實意思沒有那麼難理解。

反詰

蘇格拉底的對話中，其中一個關鍵元素就是反詰，反詰的意思就是反駁，但是這個詞的原文來自希臘文，意思是「羞辱」或「仔細看」。我們都以為自己已經知道很多事了。蘇格拉底深信，在你學習任何事物之前，得先忘記那些「自己以為已經很了解，但其實根本一竅不通」的東西。蘇格拉底使用的方法中蘊含的原則就是「你可以透過無所知來學習到真正的知識」。這是一種「思緒的測驗」，測試自己的無所知，以及意識到無所知這個概念。在蘇格拉底眼中看來，要能夠更充足、更有深度地去辨明一個議題，必須先經過這個過程。

每個人都有各種評斷、想法、信念、價值觀和規範，藉由這些東西來決定我們的表現舉止。但是這些條件並不見得可以帶來前後一致的結果。有些人的規範和價值觀是在成長過程中由父母或老師傳遞下來的，充滿盲點、潛意識的假定、扭曲的觀點和錯誤的信念，很多都自相矛盾。在蘇格拉底的討論中，他會先透過絕妙的問題來測試、審查這些特點，點出這些矛盾之處，讓交談對象看見自己現存的想法的不足。這樣的反駁或說反詰，常常會讓對方覺得羞愧或尷尬，因為他們會意識到自己深信不疑的東西——且自己剛才還據理力爭——實際上一文不值。

在雅典人對他提起的訴訟中，蘇格拉底為自己辯護時說道：

> 查瑞芬……前往德爾菲，祈求神殿告訴他……世上是否有人比我更有智慧，他得到的答案是否定的……
>
> 我聽到這個答案的時候，對自己說，神的意思是什麼呢？這樣的謎語該怎麼解讀？因爲我知道

不論是小聰明或大智慧，我都不具備……但是祂是神，神不會說謊，說謊違背神的天意。想了許久，最後我想到了一個試驗的方法。我想，只要我能找到一個比我更有智慧的人，那我就可以帶著這個反駁的意見去找神。我要對祂說：「這個人比我有智慧，但是祢說我是最有智慧的人。」因此，我前去拜訪這位眾人皆知的智者，觀察他——我不需要在此提及他的姓名。他是一名政治家，我選擇他來做這場驗證——結果是這樣的：我開始與他交談的時候，忍不住覺得他不是眞正的有智慧，雖然很多人這樣認為，他也覺得自己比他人更有智慧。於是我試著向他解釋，讓他知道他認為自己很有智慧，實際上卻不是這麼一回事。結果我招來了他的厭惡，這股敵意與在場聽聞過我名聲的人所懷抱的情緒一樣。所以我就離開了，路上告訴自己：嗯，雖然我不覺得我跟他之中有誰眞的懂什麼美好或良善的知識，我還是比他強一點——因為他什麼都不知道，卻覺得自己什麼都知道；而我什麼都不知道，但我不覺得自己知道些什麼。

蘇格拉底對作家和工匠施以一樣的做法，每一次收到的反應也都一樣：去找一個比他自己還要有見解和知識的人，然後採取交叉測試。不論對方是誰，都很快就會被他的問題問倒，進而只能坦承在講到正義、虔誠、美，或任何自認專長的領域時，實際上都不太知道自己在說什麼。蘇格拉底透過這個過程揭露了對方的無知，然後進入反駁或反詰的階段，接著就是讓對方痛苦地發現自己根本不如原先以為的那樣飽含知識。由於在與蘇格拉底對話時，他們都沒有預期話題最後會是這樣的發展，蘇格拉底最後惹毛了不少人。日子久了，蘇格拉底的結論就是，如果大家都說某個人懂很多某個主題的知識，那個人就會開始覺得自己在其他領域也是專家：

> 就我觀察，就算是非常優秀的工匠也會跟詩人犯下一樣的錯：因爲他們是很優秀的工人，所以就覺得自己也懂其他重要的議題，而這個缺點讓他們的智慧黯然失色——因此我替神問我自己，我是想要維持我目前這個狀態，沒有那樣的知識，也沒有那樣的自大呢，還是上述兩樣都得到。而我給自己、給神的答案是這樣的：我認爲自己維持現在的樣子就好。

在對話中，我們最初的預設想法、開場說的意見，常常建立在流沙上，若將這種時刻具體化，就是這裡說的反詰。只有當這個真相被挖掘出來，明擺在面前以後，才有空間進行討論，讓我們真正有所收穫。蘇格拉底深信，唯有知道自己無所知，才有空間容納真正的知識。你可以說他是從清理閣樓、除去蜘蛛網、打開窗戶開始做起。這麼做不只是讓人面對自己的思緒一直以來有多混亂的這個事實而已，而是讓明媚的陽光——當然還有新鮮的空氣——有進入的機會，並且讓出空間來容納新的、真正的知識。

知道什麼是「反詰」很重要。你在培養提問態度、開始對於看似不言而喻的事物感到驚奇的時候，你早晚得要面對交談對象的故事中的矛盾。你會開始對某些事物提出疑問，而對其他人來說，這些事物已經是明擺著的事實，提問在他們眼裡「很怪」。

我們在第一部分裡面已經提過，我們的信念通常都跟自我認同密不可分。所以質疑那樣的信念，就算做法再怎麼低調，對你的人際關係八成不會有顯著的幫助。無所知的表面底下總是潛藏著一股羞愧感，所以被你提出疑問的對象，非常有可能會感到一絲不自在，即便只是一瞬間的感覺也一樣。但這也不算是一件壞事：把老舊的想法好好整頓梳理過後，往往可以看到許多新鮮、豐碩又有趣的念頭。

常常，尤其是我剛開始訓練蘇格拉底式態度的時候，我的提問會讓對方不自在到一個程度，進而直接將情緒投射在我身上。「天啊，你把事情變得很複雜！」「不用裝傻好嗎！」「少在那邊用文字遊戲吊我——你有聽懂吧？」這只是幾個當下讓我深受打擊的例子。現在如果又遇到有人這樣回應我，我知道這代表這段交談有點進展。這種狀況通常會在交談對象發現自己開始言不及義的時候出現，是對方往那種不自在的無所知境界更近一點的證明。

蘇格拉底開始跟對方交談之前會先取得同意是有原因的。每當反詰開始讓對方生氣、讓對方開始責怪他或想要終止交談的時候，蘇格拉底就可以提醒對方，他們已經先同意過這樣的交談內容了。以下摘自蘇格拉底和普羅塔哥拉斯之間的對話，就是一個很好的例子。在這段交談內容中，普羅塔哥拉斯一度覺得無法承受，想要用「啊，隨便啦，我們就先暫時假定聖潔和正義是同樣的東西，繼續往下討論……」這番話來甩開當時的交談內容。有鑑於這本書講的就是哲學交談，我在這裡摘錄了一些《柏拉圖對話錄》的內容，用對話呈現：

> 普羅塔哥拉斯：蘇格拉底，我不能就這樣同意聖潔就是正義、正義就是聖潔，因爲這兩者對我來說存在差異。但是有什麼關係？如果你覺得這樣好，我就覺得這樣好。你同意的話，我們就先假定正義就是聖潔、聖潔就是正義。
>
> 蘇格拉底：抱歉，我不想去證實像「如果你覺得這樣好」或「如果你同意的話」這種論點，但我想要證實你和我的想法：我要說的是，想要完整證實一個論點，就必須先拿掉「如果」。

開發心中的蘇格拉底，可以為你帶來許多智慧，但是也是有代價的：不是每個人都歡迎這種質詢。

面對對反詰的反應

你在交談中提出了一個又一個問題的時候，要留意我前面提過的這些話：

- 你這是毫無意義地把事情複雜化！

- 這還用說嗎！
- 聽我說，事情就是這樣，好嗎？

像這樣的反應開始出現的時候，你要知道，繼續質疑下去，可以帶來精采可期的交談內容，但前提是得小心進行，並且要取得對方同意。如果你感覺到對方已經開始表現出煩躁的態度，或者露出挫敗神情，你隨時可以問對方還想不想繼續討論，或者要到此為止就好。如果你已經先取得同意，對方已表示願意開始這場哲學探索的交談，那你還是可以提醒他稍早達成的協議內容，確認對方還願意繼續下去。對方同意繼續進行後，你的任務就是維持蘇格拉底式態度，繼續提出認真且聚焦的問題：

- 我讓什麼事情變得毫無意義地複雜？
- 你認為什麼事情不用說？
- 為什麼事情就是這樣？

矛盾

蘇格拉底式的對話通常會以矛盾作結：一種全面的質疑感、不知道自己立場的感覺。問題還是問題，找不到一個滿意的答案。你們兩方進行的探索最後產生的想法和思緒無以計數，沒有結論或確切定義。

然而蘇格拉底式提問的重點並非找到另一個可以讓你緊握不放的答案、找到不需思考的答案。你在蘇格拉底式對話中遇到的每一個「答案」都是在邀請你繼續提問。只有不斷提問，你的思緒才能保持流動。而這個尋找答案的過程——讓你意識到自己知道的東西有多微乎其微——才能給你無限的自由。因為受到好奇心的驅使，讓你對顯而易見的事物提出疑問的時候，你會意識到自己是真的不知道任何事物的最終答案。但是透過堅定的追尋過程所獲得的這種無所知的感覺，會讓你的思維具備比過往更深厚的基礎：畢竟你已經從四面八方檢視過、質疑過，也探索過手上的這些事物。矛盾令人困惑，但也讓你自由。

你對朋友、家人、同事，酒吧裡或街上的陌生人提問的時候，也可能會遇到矛盾的狀況。一起尋找真相後，有些人會雙手一攤，嘆道：「這下我真的不知道了！我已經從各種角度檢視過這件事，很多看起來都沒問題。但是現在我滿腦子只剩疑惑！」這個結果沒有錯。相反地，這個結果證實：你面對了自己所知甚少這個事實。這樣的覺察，正是開發蘇格拉底式提問態度的關鍵。這樣的覺察，那種挫敗的矛盾感——「現在我滿腦子只剩疑惑」——正是重點的開端：問出好問題。哲學實踐家哈姆・范德加格曾這樣寫道：當你不知道某些事，而且你知道自己不知道，你就有了兩個選擇：你可以說些什麼，也可以問個問題。」

練習：去尋找矛盾

邀請某人對你所知的事物提出問題。請對方一直問問題，盡量對你說的話表現出批判態度。如果一切能照計畫進行，你很快就會達到本來那種肯定態度的臨界點，別無選擇地說：「天啊，我真的不知道。」在這之前，你可能會發現自己說出了「事情就是這樣」這種話。下一個問題——「為什麼事情就是這樣？」——你沒有答案可以回答。迎接矛盾吧！花點時間體驗看看。你可能會覺得有點怪，有點不自在，但是同時也會覺得很踏實。看看自己能不能倘佯在這個全新的「我不知道」世界中。畢竟，我們不是決心要忍受空洞、擁抱無所知嗎？那一刻來了。你的腦海中出現了什麼問題？

往下一個圈圈邁進

現在你已經知道蘇格拉底式討論需要的元素有哪些，你已經準備好去訓練自己問出更好、更銳利的問題了。知道了什麼是反詰，懂得矛盾的感覺，且曉得要怎麼面對，這會對你有很大的幫助。這個程度的覺察力會帶來更多趣味性、更多樂趣和挑戰。

你在這個部分中已經知道了蘇格拉底式態度包含哪些內容，以及如何開發蘇格拉底式態度。要倘佯在無所知中，需要勇氣、驚奇的態度和意願。你已經準備好要練習同理心的中立，鍛鍊你的蘇格拉底式回應。你已經準備好要面對開始使用蘇格拉底的角度進行對話時可能會面對的情況：不自在的矛盾感、反詰帶來的煩躁，你必須忍住。還有一點也同樣重要，那就是要能夠注意到其他人面對反詰或矛盾的反應，要確認對方仍願意繼續進行下去，然後才持續用更多問題推進。你知道蘇格拉底式對話的起點，是一個哲學性的問題和一個生活實例，也知道努力找到共識——而非一心想達成共識——是開放且平等地追求真理背後的重要動力。

以下這張圖表概括了我使用提問藝術的方法。你的核心、主要的基礎，就是蘇格拉底式態度。一旦這個核心穩固、成為你提問的來源之後，就可以往下一個圈圈邁進：提問條件。等你開發出更多蘇格拉底式態度，提問條件也都對了的時候，你就可以用實用技巧、撇步和陷阱來磨練

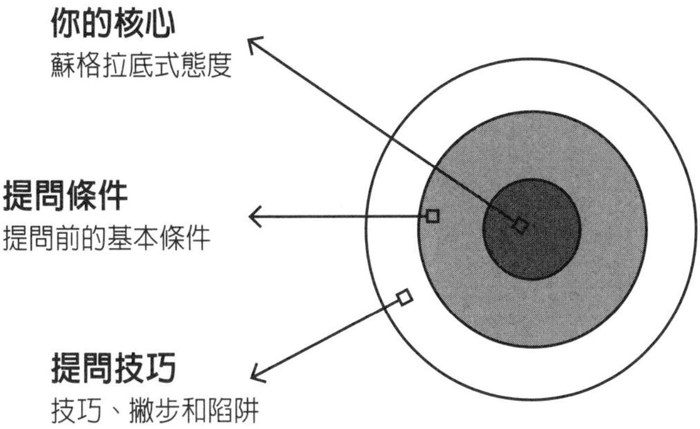

自己的技術。這些條件都很重要，而且我們往往只關注最外圈。現在有數不清的文章和課程，教授提問技巧，卻忽略了問題背後的關鍵態度，沒有考慮到正確的條件是不是都具備。

Part 3

提問的時機

哲學不要用說的，直接體現吧。

——愛比克泰德（古羅馬斯多噶學派學者之一）

假設你已經能夠熟練地駕馭那種之前苦苦追尋的蘇格拉底式的好奇態度。你已經對於言詞提問所需要的元素不陌生，也知道如何善用。這表示你已經有了基本概念，基礎都已經打好了。你已經具備驚奇的態度，也放下了瞬間做出批判和自動啟動同理心的習慣。那接下來呢？你要怎麼建立一個環境，讓你可以跟其他人一起進行蘇格拉底式探索？在開始實踐提問的藝術之前，你該把哪些東西也考慮進去？有哪些技巧可以幫助你提出好問題？

條件一：一切從當個好聽眾開始

好問題指的是與他人有關的問題。好問題會跟說話的人說的內容有關，跟他們分享的經驗有關。我問問題的時候，不會藏有其他隱含意義，我的問題不會把對話往我的方向拉過來，與我對於事物有何感受、有何想法都無關。不過即便立意良善，上述情況還是常常發生。之所以會如此，與我們聆聽的能力大有相關。我們都不是完美聽眾，話常常只聽一半。別人在講話的時候，我們如果沒有分心或是默默想著要買哪些東西，也可能會想等等要說什麼、想像自己在對方描述的情況中會有什麼反應。這種聆聽方式幾乎可說是一定會讓你產生攸關自己、無關他人的問題。如果你想要問出一個跟對方真切相關的問題，就得先學會聆聽。

好的聆聽——就只是純粹的聽，沒有投射自己的見解、假設或意見——說易行難。這需要大量練習。一旦能夠單純聆聽，且不將自己的想法加諸在聽到的內容中，你就會發現要專注在對方的故事中變得更容易了。你會更能夠將對方訴說的內容在心裡具象化，接下來，那些可以引導你更深入理解的問題就會自然地產生了。

想要開發你的聆聽技巧，要先從你成為聆聽者的意圖開始看起。

意圖就是一切

聆聽的意圖，或說聆聽的位置大概可以分成三種：

第一種位置是把「我」放進去，用一句話來概括表現：我怎麼看？用這個方法聆聽，持續去想你在那個狀況中會怎麼做、怎麼思考、怎麼感受或怎麼說。「我會怎麼解決那件事？」「我會說什麼？」你並沒有與說話者的感受、思緒或經驗結合，而是融入了自己的觀點、意見或概念之中。從這種意圖開始的聆聽往往會觸發修補、幫助或建議這樣的反射動作，或者讓聆聽者開始分享自己的經驗。你提出的任何問題都很可能會變得有暗示性、批判性或是有引導的意味。「你不覺得他是對的嗎？」「比起往南部走，你難道不想去看看小島嗎？」這些問題只顯現出「你」對於對話主題有什麼感受，讓對方變成配角。

第二種位置是「你」的意圖。我喜歡把這個狀況描述成在聆聽的時候說的「你究竟是什麼意思？」。如果你抱持著這樣的意圖來聆聽他人發言，就是好奇地聽、蘇格拉底式地聽：你知道自己不明白的事情很多。你很清楚對方的經驗跟你的並不相同，所以你把注意力放在他們身上。「所以你說的是什麼意思？」「你當時在想什麼？」「那時候的你有什麼感覺？」「你那個反應，是什麼意思？」透過這個方式，你就是盡可能地把自己放在對方的角度來思考。你想要了解他們說的故事以及思考方式，摸清他們的邏輯然後對其提出疑問。你完全沒有想要說服對方或是給他們建議。你不會想要跟他們說那時候他們大可換個方法處理，或者告訴他們，故事當下的主人翁要是你的話會怎麼做。從這個位置聆聽的時候，你提出的問題通常就是那種可以挖掘得更深一點的問題：可以針對對方描述的情境，讓你獲得更多真實資訊，或者讓你更清楚對方當下如何經歷那個情境。這些問題都很認真投入，與對方及其經歷緊密相連。

第三種是「我們」的意圖。我喜歡稱之為「我們好嗎？」的位置。這其實是一種居高臨下的位置，站在對話上方俯瞰。從這個位置聆聽，你會以對話中的夥伴身分，從一個距離外觀察到自己和對方。你會記下自己的感受，記

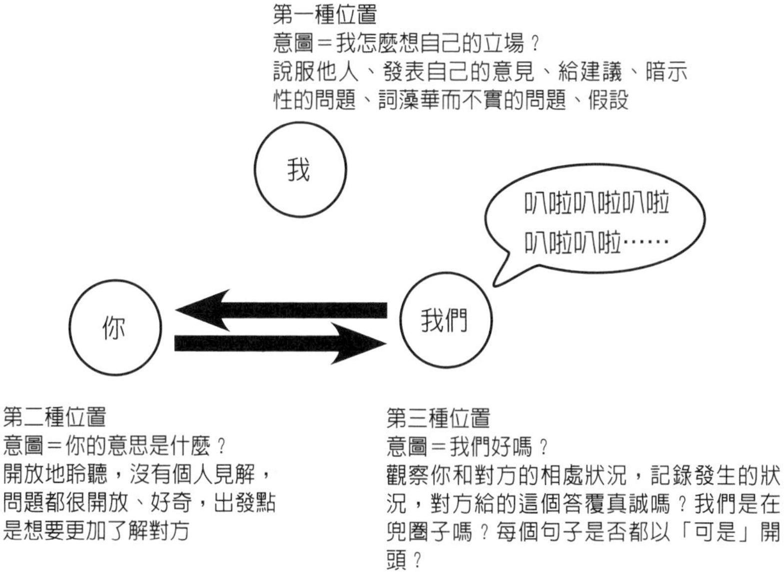

第一種位置
意圖＝我怎麼想自己的立場？
說服他人、發表自己的意見、給建議、暗示性的問題、詞藻華而不實的問題、假設
我
叭啦叭啦叭啦
叭啦叭啦……
你
我們
第二種位置
意圖＝你的意思是什麼？
開放地聆聽，沒有個人見解，問題都很開放、好奇，出發點是想要更加了解對方
第三種位置
意圖＝我們好嗎？
觀察你和對方的相處狀況，記錄發生的狀況，對方給的這個答覆真誠嗎？我們是在兜圈子嗎？每個句子是否都以「可是」開頭？

下你的夥伴有什麼反應。從這個位置，你可能會突然發現你們的交談在繞圈圈，每個句子的開頭都是「可是」，或者對方並沒有回答到你的問題，而是完全離題。你也會注意到你們兩方的狀況、肢體語言展露的反應。你可能會注意到對方從頭到尾坐立不安的模樣，或者感覺到自己在交談過程中肌肉漸漸緊繃。

一個例子，三種聆聽位置

想像自己在跟一個好朋友交談。對方跟你說：「我真的不知道該拿我的工作怎麼辦才好。工作中的愉快已經消失殆盡，通勤也讓我很沮喪。我總是趕不上孩子們上床睡覺的時間。有時候我會覺得自己應該要辭職，可是我老是鼓不起勇氣。畢竟這份工作的薪水很好，同事也都很不錯。我到底該怎麼做？」

如果你是從第一種位置聽這段話，可能會「想」：「你應該留在原崗位！這是你一手打造的：好薪水、好團隊，而且開車只要半小時。我巴不得能像你這樣呢！我的交通路程比你還長多了，薪水還比你少！」你也可能會這樣想：「好啊，辭職吧！有何不可呢？這年紀的孩子們值得你多花點時間跟他們相處，孩子的成長只有一次。我換工作爭取更多時間與家人相處之後，改變超明顯的。」

你可能會「說」：「如果我是你，我會想一想。你的工作很棒，為什麼要放棄？」或者是「你確定辭職是個好主意嗎？畢竟目前狀況看起來都還好，不是嗎？」，或者換個方式，「是的，我懂你現在的感覺。我相信應該還有不少好的工作可以讓你能夠多花點時間陪小孩。」然而這些例子看起來雖然充滿支持，其實只是分享了你自己的看法、意見和擔心之處而已。這樣的回應與你的朋友的性格、心中優先順序、願望或想要的東西無關。

從第二種位置聆聽的你具備想要進入對方思緒的意圖，你用問題「想」：「這個狀況對你來說如何？」「你在想什麼？」「你有什麼感覺？」「你的思緒和感受會常常變動嗎？」「你的另一半怎麼想？」

立足於第二種位置的你可能會照著腦海裡想到的那樣「說出」這些思緒：「這個狀況對你來說如何？」「你在想什麼？」「你有什麼感覺？」可以注意到的是，這些問題都很簡單，你的思緒和言詞都聚焦在同樣的事情上，互相呼應。

換句話說，你等於是讓自己沉浸在對方的狀況中，沒有用比較的方式來提出自己的經驗分享。你沒有打算修復任何東西，沒有要把任何事物撫平或是淡化。要做到這點，需要良好的自制力。那種想要脫口說出自己經驗、給予看法或傳授自己的智慧的衝動可能會非常強烈。

要問出好問題，鍛鍊自己從這樣的第二種位置——也就是「你」的這個位置——去聆聽，抱持著想要弄清楚對方意思的意圖，是很重要的事。我們往往習慣從「我」的位置聆聽，意圖是希望想出自己若在他人情境中，會如何解決問題。「你究竟是什麼意思？」傾聽這件事，乍聽之下好像很難，但實際上並非如此。只要找到訣竅，你會注意到這麼做以後，溝通就會變得更清楚、更平穩：只是「純粹地」傾聽對方描述故事，不用插入自己對於對方說的話產生了什麼意見、想法或理解。你的思緒會開始安靜下來。

最後，如果你從第三種位置傾聽，你的意圖是「記錄」你交談的對象的表現、你們兩人的對話本質，以及你可以從對方肢體語言中理解到的內容。你也會注意到一些言詞的信號，比方說你的交談對象每句話開頭都說「對，可是……」

你可能會「說」：「你提及現在這份工作的時候，你的表情都放鬆了，看起來很開心。你講到要離職的時候，你會雙臂環胸、別開視線。」或者說：「我注意到你的答案裡面很多都是用『對，可是……』來開頭。你覺得這代表什麼意思？」我們在下一個部分會更進一步來探討這裡說的第三種方法。

練習：更改你的傾聽位置

下次有人跟你分享他們發生的事情的時候，先刻意從第一種意圖的立場去聆聽：「我」對這件事有什麼看法？注意自己在想的內容、說的話，以及對方的反應。然後明確地要自己改變成從第二種位置去傾聽的狀態：「你」說的話，究竟是什麼意思？把自己的判斷和意見歸類為無聊的內容，然後單純地讓自己沉浸在對方的描述中。你的思緒怎麼了？你說出了什麼話？這對你們之間的關係有什麼影響？

條件二：認真看待語言

我們的思緒是各種畫面、聲音、文字和情緒的旋風。但是想要傳達思緒給其他人的時候，主要還是使用文字。文字是我們的思緒和溝通的主要媒介，因此要提出問題，也是靠文字。我們對語言的態度常常太隨便。「這樣說還是那樣說，有差嗎？」我們會嘆口氣說道。「你懂我的意思吧？」這樣很可惜，而且在你希望能夠進行有收穫的討論時，這類選字不慎的狀況會造成困惑，讓對話無法向前邁進。乾淨俐落、清楚地使用語言，小心地用字遣詞，你就能釐清交談內容，問出更好的問題，你也會對於對方真正想說的話更敏感。某人會選用某一個特定的字詞，而不是使用另一個意義相似，但是程度不同的字詞，這樣的情況通常都不是無意之舉。對語言更加留意之後，你在聽的時候會更敏銳地發現對方說了哪些話、沒有說哪些話、哪些話被隱藏起來了，或者對方想要避免哪些詞彙或概念。這件事本身對於你想要提出的好問題而言，可說是最豐富的資源來源。

不久前我開了一堂課，叫做「日常生活哲學」。我請參與者用問題寫下自己想要學習的東西。比方說有人寫道：「我要如何學習用更有架構的方式去思考？」也有人問：「我要如何為交談內容帶來深度？」

其中一名參與者寫下的問題是：「我要去哪裡找到專注力？」這個問題看似有著非常細微的意味，搞不好只是筆誤，但是提出問題的這個人問的是「去哪裡找」而不是「如何找」專注力，這麼一來，這個人就有點意思了。可能是因為他覺得專注力是可以從自身以外的地方找到的東西，而不是內在過程產生的結果。人在不自覺的情況下，對於遣詞用字做出不同選擇，正是有趣的地方。

我們真實的意圖可能會從最微小的字詞使用中流露出來。拿「可是」和「所以」來當例子看看吧。「你跟艾蜜莉討論過這件事了嗎？」這個問題就跟「可是你跟艾蜜莉討論過這件事了嗎？」或是「所以你跟艾蜜莉討論過這件事了嗎？」本質完全不一樣。

另一個例子是否定表述。把問題轉個方向，問「難道你還沒跟艾蜜莉討論過這件事嗎？」立刻就會讓對方覺得你認為他早就該跟艾蜜莉討論這件事。

使用否定的表達結構，或者偷偷在問題中加入「所以」或「但是」，我們常常就是這樣洩漏了自己的底牌。不論對方是有意或無意地聽出了那個意思，都會導致接下來的問題變得比表面上看起來更不開放。

仿效福爾摩斯

這是福爾摩斯運用推理能力的時候的環節：他會檢視、觀察、推斷，然後做出結論。夾克上的一根金髮、手機上的一道刮痕、衣帽架上那頂看似被遺忘的帽子……把這些都視為線索，這些東西就能告訴你關於這個人的各種資訊。以福爾摩斯的例子來說，可能就涉及對方是否無辜、是小偷還是冷血殺手。像福爾摩斯那樣，運用觀察的能力，找出隱含的線索，再利用線索去解決看似不可能破解的案件，我們也可以對用字遣詞和說話方式做一樣的事。某個人說了或沒說的話、用了或沒有用的字詞，都可以讓我們一窺他心中如何架構思緒。

現在你可能會想：「難道都有更深的意涵嗎？大家不是只是把當下想到的詞語說出來而已嗎？也許背後沒有任何意思啊。」這樣說可能沒錯。不過我認為，把談話中選用的字詞當作刻意之舉去思考比較有意思。這樣一來我們才有更多東西可以探索、思考和學習。如果你把說話這件事看成隨機丟出來的字詞語句，那生活就會變得乏善可陳。你不會再去注意，不會好奇為什麼有些人選擇用這個詞而不是另一個詞。要能夠進入無意識的思維、信念和假設的模式，那條重要途徑就被你自己剝奪了。

語言和表面聆聽

在這本書裡面，我已經針對個人思考以及蘇格拉底式討論的情境，談過很多關於「深度」的重要性。不過有個磨練聆聽技巧以及讓你把注意力集中在某人如何使用語言的好方法，叫做「表面聆聽」。表面聆聽不是使用同理心，也不是使用第一種或第二種傾聽位置，而是透過使用第三種方式，單純以蘇格拉底的方式聆聽表面的重點。包含把注意力放在對方使用的言詞，而不是注意這些言詞的含意。去聽一件事被怎麼樣訴說出來，而不是聽對方說了什麼事，注意的是言語表現，而不是其中的內容。首先，你會注意到對方是不是在問問題、妄下斷言、提出解釋、為某個論點辯解，或是提出反駁意見。然後你可以傾聽這個人觸及的概念，以及他們的言論中是否與自身的論點邏輯矛盾或出現謬誤。

正常來說，我們會一邊聽，一邊完全啟動想像力，想像自己在對方所描述的情境中。在不自覺的情況下，我們會把沒有接收到的細節腦補上去、幫對方潤飾語句、替畫面增添色彩。然而在你練習表面聆聽，並且把重點放在聽對方的用字遣詞，而非話語中的內容的時候，你會降低想像力，並且注意力會比較轉向對方身上、以及真正由他口中說的話語上。

這樣的聆聽方式也比較不費精力。此舉有時也被稱為「主動覺察」，因為你的注意力會完全專注在對方身上，或者更準確地說，是專注在對方言語中所挑選的詞彙上。你不會幫對方把思緒補齊，不會用想像力去幫忙更正或補充。你可以稱之為一種刻意放空（wilful stupidity）。你的意圖是要讓自己不要把顯而易見的事情視為理所當然、要假定自己就是不懂，並且對話語背後可能隱藏的含意表達出像兒童般的好奇心。

我們的言語有時候會揭露出自身的矛盾、思緒裡的問題點。在對話中用蘇格拉底的方式去聆聽，專注於話語的表面，這樣能讓你更容易注意到這些缺失之處。這個技巧在你想要讓對方反思自己的想法時非常好用。能夠讓你的問題更深入探索，且聚焦於對方在說的內容上。你在聆聽的時候並不是為了要聽懂，而是要「聽不懂」，這麼一來你就能跟對方一起去探索他所說的言語背後可能隱含的意思。

練習：表面聆聽

聆聽對方描述發生在他們身上的事，將注意力放在他們挑選的字詞上。不要去想他們要說什麼，只聽那些從對方口中說出的字詞就好。有注意到任何矛盾之處嗎？說話的人是否有個重複使用的填充詞呢？有聽到「但是」「不是」和「所以」嗎？重點是在聆聽的同時，不要去找尋比話語表面更深的理解。從他們的言語中，你注意到什麼？

練習：不要表達贊同或不贊同

下次你聽人交談的時候，想辦法用「自己的想法完全不重要」的心態去聽。去聽對方用了哪些詞語，觀察他們自相矛盾的地方，把注意力放在他們反駁時的邏輯，留意所有可疑的推論。聽出他們在描述事物的時候是怎麼說的，其中有什麼問題，找出他們掩蓋的元素，還有那些感覺毫無根據或者廢話連篇的論點。試著不要去煩惱內容，不要去想自己到底認不認同。

在你把自己從對話中像這樣抽離、把自己的意見放到一邊去的時候，就能從對方的思緒中找到很多收穫。只要耐心等待，對話中肯定會出現一個能讓你說出「你的想法」、解釋你的觀點的時機。不過，隨著你越來越擅長這樣的聆聽方式，你會越來越覺得不需要分享自己的看法。

肢體語言

那非言語的溝通呢？我們的舉止跟說出來的話一樣重要。在我看來，問問題的藝術跟語言以及對語言的敏感度非常有關。肢體語言也是這個過程的一個環節。雖然言語天生就有扭曲、掩飾或美化事實的能力，肢體語言卻通常更容易看懂。所以你也必須針對這件事來訓練自己的雙眼、雙耳和心思。這就是第三種位置的聆聽方式真正的技巧所在。這麼做會讓你能夠盡可能客觀地記錄下對方的表現是否有一致性：對方的肢體語言和表情與言語是否呼應？

寶拉來找我進行哲學交談。她對於自己的感情生活有疑問，且開始思考自己到底想不想跟另一半同居。我請她說說關於「不要同居」的論點。她馬上就把所有理由攤開來：同居就要犧牲自己的獨立性，要配合另一半生活。除此之外，她不知道這是不是她想要的，甚至不確定自己有沒有能力這麼做。她說話的時候，臉部放鬆，表情生動。她也盡可能地清楚表達出自己的論點，語氣流暢悅耳。

我請她說說同居的好處的時候，她沉默了一陣子。她的表情變得嚴肅，下巴線條緊繃，深深地嘆了一口氣。在那沉默的五秒鐘裡，她心裡真正的想法已經表達得再清楚不過。雖然她還沒有闡述自己的立場，任何人都看得出來她對於跟另一半同居這件事的看法了。

我們有時會忘記，針對非言語性質的資訊提問會多麼有用。在某人的感受還沒有被明確說出來之前，肢體語言就是重要見解的來源。點出這些露餡之處，可以幫助對方更加意識自己的感受，並且找到語言文字來加以描述。

面對寶拉的狀況，我決定請她說說她沉默、嘆氣和痛苦神情背後的原因。

「我都沒發現自己那樣做了」是她的直覺反應。

「你嘆氣的時候在想什麼？」我問。

「也沒什麼。但我覺得壓力有點大。我想像自己在某天晚上獨自坐在沙發上，然後艾瑞克回到家，想要聊工作上的瑣事。光是這樣就讓我覺得很累。」

「你想得到任何關於同居的好處嗎？」我問。

沉默再次降臨。寶拉咬著嘴唇。而因為我剛剛才讓她注意到她的臉部表情和肢體動作也會表達她的心思，她忍不住笑了。「哈！我剛剛在咬嘴唇！然後我想，『噢，她要問我這是什麼意思了。』說老實話，我已經知道答案。我這樣做是因為就算我心裡想找到，我還是想不到任何可以說服我同居的論點。所以我可能就是還沒準備好吧。」

嘆氣、沉默、在位子上不自在地換姿勢、咬嘴唇、閉上眼睛、表情一僵：這些都是一種回答，跟說出來的話一樣重要，有時候還更好懂。這些反應讓你知道，你提出的問題觸動了對方某個點，因為問題問到重點的時候，肢體的反應往往更快，也更誠實。這是很有用的資訊，在提問的藝術中值得與言詞口語一樣受到重視。

練習：留意肢體語言

使用表面聆聽的技巧、收斂同理心時，就會有時間和空間去觀察對方的肢體語言在表達什麼。觀察並描述。對方展露出什麼樣的印象？他們的雙手怎麼擺放？他們的表情告訴你什麼？呼吸的狀況如何？你有聽見嘆氣或呻吟嗎？或者對方的呼吸很放鬆呢？他們有停頓嗎？對方當時的姿態改變了嗎？

問問自己，如果你不會說對方的語言，你能注意到哪些肢體語言？

條件三：徵求同意

幾年前我剛開始去上課，學習問出好問題的時候，其中一位老師告訴大家：「我們進行的練習，要注意『不要在家中嘗試』這個部分。跟班上同學一起的時候，我們可以清楚掌握局勢。我們知道這麼做是希望可以達成什麼目的，還有無止境的問題背後的意圖。但是不要忘記，『教室外的世界裡的人』很有可能最討厭被這種連珠炮問題襲擊。」

當然，她說得沒錯。但是固執天真如我，當然把她的建言忘得一乾二淨。當時的我愛上了問問題、增長智慧以及與他人一起探索有趣題材的感覺。一頭熱的我等不及想跟所有人分享好消息。這個新發現真的太讚了！這件事可以讓世界變得更美好，我覺得大家肯定也都會同意。我套上鞋子，用蘇格拉底2・0的姿態加入戰鬥行列，不論碰到誰，我都用連環疑問轟炸他們。

我在跟家人吃晚餐的時候，堅持不說明自己對話題的立場，而是對其他人的言論提出質疑，並且用更多問題追著他們不放，造成大家神經緊繃。我的朋友們發現自己跟另一半吵架或在工作上遇到挫折的時候，不但再也無法依賴我的同理心和安慰，還得忍受無情的交叉訊問。某個業務連哄帶騙地對我說出「小姐，我跟你說，如果我給你折扣，那所有人都會衝來敲我的門了！」的時候，這個可憐人馬上被一連串問題纏身，質疑他這個說法的真實性。我把自己當時熱情鑽研的題目強加在其他人身上之後，沒有讓我變成萬人迷，怎麼這麼奇怪呢？在發現我心中想像的美好世界還需要很長時間才能實現之後，雖然難過但同時也長了點智慧的我強迫自己把這番行為的強度降低了一點。如果我不想要身邊只剩我的貓咪歐樂相伴，那放下那股狂熱就不用多說，總之先減少一點熱情，感覺上是個正確的選擇。

蘇格拉底通常會直截了當地問交談對象，確認對方是否想要深入探討某個議題。他會先問對方，是否同意他對他們提問，而且理由都很充分。在你用直接坦白的方式對他人在某件特定議題上的想法提出問題，藉此邀請對方參與深入談話的時候，這段對話就成了你們兩人共同承擔的責任，代表你們都承諾了要尋找真相。如果你沒有先「確認意願」就開始向前猛衝，一段有深度的蘇格拉底式對話可能就會變成像是一場警方對嫌犯的審訊：

「你介意我針對這件事提出幾個問題嗎？」

「要不要一起討論一下這個議題？」

「你想不想用其他角度來看一下這個想法？」

像這樣的開場白可以確保你的交談對象知道接下來會發生什麼事（例如：刺探、批判性的問題）。他們會察覺接下來的內容會比一般友善的閒聊還要有挑戰一點，也能決定自己想不想參與其中。

最後這點是最重要的：對方必須覺得自己有機會拒絕讓你提出批判性提問。不論你有多想、有多確信對方一定能從中獲益，不論你對那個要由你提問才能取得的真相有多好奇，只要對方沒有承諾投入，你企圖進行的任何交談都會變成白費力氣，也很可能會面對抗拒的反應，完全不能獲得任何有價值的結果。

明確的承諾在交談進行到某個程度的時候，也可以拿來當作參照點：如果事情的發展開始走下坡，或者你覺得自己開始踏入危險的領域，都可以藉此確認兩人的協議是否仍維持不變。這樣一來，對方就能隨時提出暫停的要求，你也可以問對方是否想要繼續下去。有時候對方就是沒有像你那樣想要繼續深入下去……人生就是這樣。

蘇格拉底與普羅塔哥拉斯

哲學家漢斯・波爾頓在〈蘇格拉底式對話作為團隊反思的工具〉一文中舉了很好的例子，說明蘇格拉底如何徵求交談對象的同意。他用蘇格拉底如何與智辯士普羅塔哥拉斯討論美德這個主題來解釋。智辯士是指在城鎮與城鎮之間移動，為有興趣選擇政治為職業的富裕人家的年輕男子上課、提供建言指示的人。這份工作的薪資優渥，而因為蘇格拉底有一名朋友對於普羅塔哥拉斯的教學有興趣，也願意付出大筆酬勞，蘇格拉底非常好奇普羅塔哥拉斯到底能夠給學生什麼內容。

「想當然耳，普羅塔哥拉斯已經準備好他的銷售台詞了，」波爾頓在文章中寫道。「他告訴一名年輕人『對私人和公共事務都要審慎……並且用最好的方式管理自己的團隊……在國家事務中，說話和行事都要盡力而為』。」

波爾頓接著寫出普羅塔哥拉斯怎麼樣進一步談論「政治美德只能以正義和智慧進行」：

「那麼，」蘇格拉底說，「如果沒有錯的話，你確實擁有這種高尚的能力。」然後他就接下去開始提出一連串的疑問，質疑普羅塔哥拉斯到底有沒有可能真的具備這種能力。蘇格拉底說道，畢竟即便是「最優秀、最有智慧的市民」也沒辦法教自己的孩子「美德」。「但是如果普羅塔哥拉斯不認同這點，那我就要判定他可能搞錯了。」簡而言之，蘇格拉底邀請了普羅塔哥拉斯一起來檢視這個議題。

蘇格拉底：現在我……有以下幾個例子，我認爲美德不是可以教的東西。但是還是要說，聽完你說的話，讓我覺得有點動搖。我也相信你說的話必有其道理，因爲我知道你的經歷、學習過程和創意都很優秀。我希望可以的話，你會願意讓我進一步了解美德是可以傳授的。你願意嗎？

普羅塔哥拉斯：那我願意，蘇格拉底，我樂意爲之。

「這段交談清楚顯示了蘇格拉底對於哲學思考的兩個做法。」波爾頓寫道。首先，透過詢問對方「美德到底可不可以教授？」蘇格拉底呈現的是一個非常清楚的問題。第二，他進一步邀請，希望普羅塔哥拉斯可以參與這個問題討論，而普羅塔哥拉斯接受了邀請。「普羅塔哥拉斯不是在沒有意願的情況下被拖進這場詢問。」波爾頓寫道。這樣的邀請看起來也許不重要，但確實是不容小覷的一個環節。

「只是確認一下」普羅塔哥拉斯想不想跟他一起探討這個議題，並且確保他也會用認眞的態度來參與，這個舉動看來也許沒什麼大不了，可是此舉的意義遠勝於此。這個邀請的重要性再怎麼強調也不爲過。接下來的交談中，蘇格拉底持續回頭確認普羅塔哥拉斯願不願意投入這場兩人一同努力的討論。他不止一次強調，他們不是一定要一起討論或求證這個題目——兩個人都可以隨時結束對話。而只要兩人都沒有離開對話，他們就不是在蘇格拉底的堅持下討論，而是因爲兩個人都有這個意願。

練習：徵求同意再進行哲學討論

下次你聽到有人說了什麼有趣的話、某個你想要探討的論點，何不問他這個問題：「你想要進一步聊聊這件事嗎？」或者，「我們可以用哲學思考方式討論一下這點——你有興趣嗎？」當然，你可以用你覺得舒服的文字來表達。是不是當場就開始深究並不重要。也許對方沒有時間，但是願意之後找時間來進行。重點是要習慣邀請某人答應進行深入的談話。

條件四：把步調慢下來

要問出真的很棒的問題、探索答案，你得先稍微把步調慢下來。接受「真誠對話要花時間、專注力和紀律」這個道理。一段好的對話——可以一步一步往前推進，可以傾聽過程中的辯證，能專注在對話上頭，包含明顯的意涵以及話語中隱含的意思——在平常交談的速度下是無法產生的。這樣的對話需要的投入程度和專注程度，跟你破解艱難的謎題、寫書法或戴著羊毛手套還要穿針引線的時候一樣。這不是我們最熟悉的事，所以需要先讓自己習慣。真誠的對話需要的是慢慢想、慢慢說，這都是我們得先訓練的技巧。

慢慢來，比較快

我曾經參加過一場由一名真誠善良的牛仔主講的講座。他的形象非常標準：外貌看起來是個鐵漢子，腳上穿著皮靴，搭配格子襯衫和牛仔帽，專長是裝載拖車。如果你想要把不願配合的馬匹推進你車後加掛的拖車，找他就對了。用拖車移動馬匹跟把小鳥放在包包裡面攜帶有點像。馬這種動物天生就是要在寬闊的環境中生存，所以有幽閉恐懼症是很自然的。人類能讓馬進入一個裝有輪子的狹窄箱子這件事根本是奇蹟。

非常多馬匹飼主從未想過要先訓練馬匹來習慣拖車這件事。等到要帶牠們去看獸醫，或是去參加比賽的時候，飼主都等到最後一秒才期望馬匹能直接走進去拖車裡。時間不多了，大家都很緊繃，這件事必須立刻完成才行。結果呢？馬匹不是挺起身子、用後腳站立，就是在與飼主的拔河比賽中耗盡體力——總之，就是你最不想要的狀況！如果可以這樣做，能省下多少事：稍微安排一下，找個安靜的下午，想想，「來看看能不能讓馬自己走進拖車好了。如果失敗也不用有壓力。」如果他們能先這麼做，那馬匹很可能馬上就進入拖車了。這位牛仔在講座上說，這個例子告訴我們「慢慢來，比較快」。

我認為同樣的道理也可以運用在好的談話上。你需要先慢下來，才能快點達成目的。眼光放遠來看，採取隨和態度——也就是進行好的對話該花多少時間、多少空間就花吧——會比起看起來超有效率但實際上很匆忙的互動還要有收穫得多。

練習：不要急

在這個練習中，邀請別人跟你一起練習會很有幫助，這麼一來你們兩個人都可以體驗一下減緩速度的交談能夠帶來什麼收穫。問一個好的、有料的、刺激的問題吧。你的交談對象回答了以後，再問一個問題，如此持續下去。規則只有一個：問每一個問題和每一個回答之前，你們兩人都要安靜二十秒。你當然可以把那二十秒花在忍住不說話、等著發言上面，但何苦如此？不如把這段時間用來仔細思考對方剛剛問的問題，或是他們給的答案上面。清楚地讓自己努力去「不要脫離問題」或「不要脫離主題」。觀察自己在想什麼。二十秒過後，把下一個問題或答案說出口，但是要平靜地說。大約十分鐘後，你們兩人可以交換角色，當然，結束的時候可以討論一下這個過程：如果這個延遲的技巧有收穫，是什麼收穫？

以下是幾個可以試試看的問題：

- 如果錢不是問題，你明天會做什麼不一樣的事？
- 你怎麼知道自己確實擁有什麼東西？
- 你不應該抱怨什麼事？
- 你不應該把誰當一回事？
- 為什麼大家總是希望自己是對的？

我曾經為一家大型荷蘭銀行講過一場演講，主題是我們可以從蘇格拉底身上學到的三件事。參與者都是業界領袖，已經習慣總是快速做決定、同時處理很多事務，還有把事情優先順序排好：全場的人都有敏銳的腦袋，且總是在趕時間。我跟他們分享了蘇格拉底式態度的幾件事，並且希望他們去體驗其中幾個原則。我請他們進行了上述的練習——提出有料的問題，並且暫停二十秒再回答。

然後我從講台上觀察現場的狀況：他們的神情放鬆了下來，我看得出來他們對於自己的答案多花了點心思去思考，提問者和答題者之間的連結也加深了。屋裡的能量明顯出現了變化。

條件五：忍受挫敗感

需要專注力和自律，且包含使用屬於自己的、有時不夠有力的論點和意見來質疑對方批判性問題的慢速交談，必然也包含了挫敗感帶來的幫助——對交談雙方皆是如此。有時候對方的觀點（也是他們自我認同的元素）被質疑的時候，他們會覺得被冒犯。面對比一般步調更緩慢的對話，對方可能也會忍不住那股不耐煩感，且當你專注於合作思考這件事上面時，他們也會因為你的表現缺乏情感而感到沮喪。

這些感受都是過程的一部分。談話訓練就像去健身房一樣：你的思考肌肉需要時間才能習慣。一開始你只會注意到痠痛。要過一陣子以後，你才會感覺到自己變強了。我接受交談對象有時會把痠痛感怪罪給我，就跟我有時候會躺在墊子上暗自痛罵健身教練一樣。但是請好好承受。這不是針對你。這種對於挫敗感的意識其實是件好事。這就是反詰，也是真正投入了努力、有東西開始變動、某人的思緒開始被拉伸的象徵。健身教練也不會把我們的哀號和怨嘆的眼神視為針對他的表現。他們會在心裡想，「好多了。很棒的鍛鍊！」

一定要說的話，挫敗感就是用來支持你去探索的燃料。它讓你可以看見對方的思緒模式。「你現在因為什麼東西覺得很挫敗？」這樣的問題在研討會和諮詢期間帶來了許多見解。有些人在發現自己的論點根本不如自己以為的那樣堅定的時候，會覺得很煩躁，也有些人會因為自己的固執，因為自己不想改變觀點的那個模樣而覺得挫敗。最重要的一點是，挫敗是一個徵兆，表示這個人被困在自己的思考模式當中了。你身為一位剛萌芽的實用哲學家，任務就是讓他們看清楚自己困在哪裡，並且幫助他們從思考的困境中掙脫。

練習：忍受挫敗感

進行一段對話，把截至目前為止學到的技巧都用進去：請求對方的同意，與你進行一段有深度的討論，純粹且專注地聆聽對方使用的言詞，針對對方說的話提出進一步的問題，需要的時候，可以與交談對象對質和確認，並且一起探索你們選出來的主題。一旦發現對方變得挫敗，先很快地進行一次自我檢視：保持冷靜，不要覺得對方的挫敗感是針對你——這個反應真的不是針對任何人——就算對方的反應是把錯怪罪在你身上也一樣。然後你就可以做個選擇：你想要繼續堅持蘇格拉底的「你的意思是什麼？」這個態度，還是想要切換成你自己的方式，表達你已經接收到對方的挫敗感，並且問對方覺得現在發生了什麼事？「我注意到你剛嘆了口氣。這是什麼意思呢？」或者說：「你看起來很厭煩。有什麼事情讓你覺得很煩嗎？」

幸運的是，第三部分會讓你熟悉問問題時需要的基本蘇格拉底式條件。所有事情都從簡簡單單的傾聽開始。要記得認真地看待言語，提問之前先尋求對方的同意，如果情況開始變得緊張，記得要跟對方確認狀況。關鍵是把步調慢下來，學習如何好好與挫敗感共處——不只對方的，也包含你自己的——將其變成有意義、有探索性的蘇格拉底式討論的結果。

Part 4

提問的能力：技巧、小撇步和陷阱

一次又一次，一如既往，已經看過太多，
只有單純無知的疑問，最要緊。
——〈The Turn of the Century〉，辛波絲卡

一本專講問問題的書，結果現在才要說到實用撇步和小技巧？你可能會問：「為什麼拖到現在才說？先把絕不失敗的問題清楚列成清單不行嗎？」答案很簡單：這件事不是這樣運作的。要問出正確的問題，並沒有嚴謹的說明書或保證不敗的方法可以傳授。當然，有無數檢查清單和教戰手冊可以翻閱，但是如果基礎沒有打好——就是你的蘇格拉底式態度和基本條件——你還是有可能錯得一敗塗地。你就站在那裡，手上拿著一張新手專用的蘇格拉底式問題清單，結果只知道用「我怎麼想？」這個角度來往前衝，在尋找共同智慧的路上，一點邊都沒有沾到。這就是為什麼真正實際的提問技巧和撇步一直到第四部分才出現。接下來我們會談一談幾個保證有用的方法，但是一定要跟穩定的基礎並用才行，那就是你的蘇格拉底式提問態度。

蘇格拉底式提問指南：起伏

意見就是終點。如果我說出一個論述，像是「我認為馬克是個好父親」，你不會知道我這個說法的出發點是哪裡。就算話是我說的，我自己可能也不知道是什麼意思。我只知道我覺得馬克是個好父親。然而讓我有這種感覺的可能性很多，除非你要我進一步解釋，我所謂的「好父親」就會隨便大家定義了。馬克可能很保護孩子們，或是給孩子們很大自由。他可能對孩子有很多要求，也可能什麼都不求。除非你問我，否則你對於我的說法的評估都只是你自己對於好父親的定義所延伸出來的概念，與我的概念大有可能全然相反。

要掌握一個判斷背後的論點，你需要好的問題。問出蘇格拉底式問題的關鍵，當然，就是蘇格拉底式的態度，不過蘇格拉底式的問題還有一個特點，就是它一定會跟一個真實的例子綁在一起。一個真實的事件、論點或行動——在這個情境中，就有一個範例符合我心中好父親會有的條件。雖然在抽象的概念中跳來跳去，短時間來說很有趣，但是沒有確實的例子，僅建立在抽象概念上的交談很快就會變得模糊不清且難以理解。

要能夠掌握交談，哲學家漢斯・波爾頓發展出了一套很方便的架構：他將蘇格拉底式提問分成「向上」和「向下」的問題。向上的問題通常會往抽象的方向發展，而向下的提問則是用來扎根於具體情境中的特定狀況。

暫時將世界分成向上和向下兩個層面，對於追求穩定的蘇格拉底式提問大有幫助。首先，我們掌握了可以透過觀察得知的事實——眼前的現實，有點像電影那樣。某件事情發生了，我們透過一種或多種感官接收了這個資訊。這就是「向下」區：日常生活、現實世界。有人說了或做了某事，我們聽見或看見了。自然地，我們對此也會有些想法。目前為止一切都沒有問題。但是我們開始談論那個真實事件、談論我們對其看法的時候，情況就會比較複雜了。我們會產生一個說法，會加入自己的判斷。這一刻就變得很重要，因為沒有判斷、沒有自己的論點的時候，就沒有什麼東西好質疑的了。

比如安雅說「西婭真的是個很好的朋友」。或者說「那個傑瑞米做事情真的很可靠」。在這些簡單的判斷背後，有非常大量的主張、假定、價值，甚至包含對人性本質的觀念。這些就是我們在講「向上／向下」分析時的「向上區」：這些都是抽象的概念，是我們常常貼在「存在」這件事上的標籤。「真正的朋友」和「工作可靠」的概念就是抽象概念的例子。也就是說，像是誠實、正義、友誼、團結、種族主義、開放性、勇氣和合作也是一樣的。

思考

關於人性、道德標準（例如誠實、正義、勇氣、當個好母親或好同事）這些事情的抽象概念、主張、想法

↑ 向上提問：

・X跟Y有什麼關係？

・為什麼？

・你說X的時候，意思是什麼？

論點—判斷

我認為……

我希望……

我相信……

我認為應該……

↓ 向下提問：

・什麼時候發生的？

・他當時說了什麼？

・你接下來做了什麼？

・後來發生了什麼事？

存在具體現實：

事實、行動、事件、論點、可感知的、可識別的（例如會議上有七個人。下雨了。他說「不要犯蠢。」她拿出一條深綠色手帕。）

這個「向上／向下」的觀點讓我們產生具體事實的「下方」，以及抽象概念的「上方」（規範、價值觀、信仰、人性和世界觀）。前一頁的圖表將這件事更詳細地表現出來。

若你能把這張向上／向下圖表銘記在心，之後你提問的時候，就一定都能讓問題往兩個方向推進。你可以問關於情境當時的事實問題，同一場交談中，你也可以問與該情境相關的價值觀和人性觀點。向下問題都是跟事實有關的：目的在於取得與情況具體細節有關的資訊。傑瑞米做了什麼，讓人覺得他是個好員工？西婭做了什麼事，讓安雅對她產生好朋友的評價？面對向下問題做出的回答，能夠提供具體證據來支持初步的論點。答案可能會類似：「傑瑞米是個好員工，因為他會準時完成交派的任務，約好的事也不會爽約。」或者，「西婭是個真正的朋友，因為她會認真聆聽我說的話，有時候還會去學校幫我接小孩。」

透過提出向上問題，你可以處理論述背後的立論點和預設想法：「為什麼認真聆聽的人就是真正的朋友？」其中一個可能的答案是：「因為認真聆聽代表他們真心對對方有興趣。」這個答案也會讓我們知道安雅認為如果是朋友，對彼此有興趣這件事情很重要。也許看起來很明顯，但是任何人都可能對於友誼中包含的定義有大不相同的認定。

好母親的例子

前陣子我發了下面這份作業給我「日常哲學」課程的學生。首先，我給了他們一個情境。一個住在離島上的女孩想去本土找她的男友。可是風暴來了，渡輪停駛。島上唯一的一個船工願意載她去本土，但是她得先跟他上床。女孩問母親的意見，她的母親表示這個決定權在她身上。

然後我問學生，「她這麼說，算是個好母親嗎？」

其中兩名學生萊恩和馬塞爾，分持不同意見。馬塞爾認為女子不是個好母親，萊恩則不同意馬塞爾的看法。一開始，兩人都無法解釋自己為何有這樣的想法。我與馬塞爾的對話如下：

馬塞爾：我不認爲她是個好母親。我眞的覺得她的行爲徹底錯誤。

我：她的行爲中，哪裡讓你覺得是錯的？〔向下問題〕

馬塞爾：她基本上就是說，「你要自己做決定」。她女兒在面對命運的當下，她就這樣棄她不顧。

我：這位母親做了什麼事情讓你覺得她對女兒棄之不顧？〔另一個向下問題〕

馬塞爾：她完全不給女兒任何建議。她只說，「親愛的，你要自己做決定。」她沒有試著保護女兒不被船工占便宜！

我：所以說好母親與保護是有關的嗎？〔向上問題〕

馬塞爾：對，我認爲是這樣。一個好母親應該要保護女兒，不讓她受傷害，並且要在女兒尋求建議的時候給予建議。

萊恩仍認為這樣無法說服他，並且認為故事中的母親是好母親。我與萊恩的對話如下：

萊恩：我不認同馬塞爾的說法。對我來說，故事裡的母親聽起來是個好母親。

我：她做了什麼，讓你覺得她是個好母親？〔向下問題〕

萊恩：她沒有給建議，這是重點！她基本上只說了「這是你要做的決定」。

我：母親不給女兒建議的優點是什麼？〔向上問題〕

萊恩：不給某人建議的時候，他們就要靠自己的想法、自己的思考去決定。這會讓他們有責任感。這個母親的行爲就是如此。

我：所以對你來說，是不是好母親跟有沒有讓自己的小孩對自己的行爲產生責任感有關？

〔向上問題〕

萊恩：沒錯！

兩段簡單的對話讓我們看見，要知道對方言論背後的理由，必須透過提問。在回答這些問題之前，萊恩和馬塞爾都不知道自己對母職有什麼想法。如果我跳過這個具體的例子，問他們一個相對抽象的問題，例如「什麼是好母親？」他們可能就會在更加模糊的定義上達成一致看法。

像「母職」「責任感」和「自由」這種定義廣泛的標籤和概念，只有在真的跟具體事物連結在一起的時候才有意義。在這個例子中，就是一個簡單的故事，講一個想見男友的女孩。在日常生活中，我們對於每日接觸的事物做出判斷，很少進一步審視自己常用的概念，也不會整理那些定義。

交談結束後馬塞爾說：「我的天，我現在知道跟某人進行這樣的對話可以幫助自己意識到，原來彼此都不知道對方究竟認同什麼東西，或者認為什麼東西很重要。若沒有先進行這樣的對話，我們可能就會花上大把時間在不重要的異議上僵持不下。」

先下後上

在一場好的蘇格拉底式對話中，你會想要從「弄清事實」開始。事情的來龍去脈？有誰牽涉其中，事件是怎麼發生的？首先，這就代表實況調查：問出能夠追根究柢的問題。這麼做的目標，要像是讓整件事件宛若YouTube短片一樣在你腦海中播放，畫面流暢，沒有變成像素格子那樣卡卡。你要追求的是清楚看見整件事情的來龍去脈，不需要依賴自己的想像力來腦補。對方可能會比你更早開始想把討論推進到抽象的階段，沒有關係。你就繼續用事實性的問題來防守就好，直到你確實明白發生了什麼事為止。一旦都弄清楚了，就可以改變方向，開始問向上問題。

如果你不確定問題該往哪個方向，那選擇向下通常會比向上好。理由很簡單：你的回應通常會在相對抽象的層面上，依賴你的思考和說話內容。如果這時候你開始向上提問，比較容易走偏、遠離主題。如果你想要讓交談內容聚焦並且有深度，就要持續把對方拉回實際例子上。

一旦做到這點，在日常生活中的應用並不難想像——例如，試著更專心聽廣播、電視訪談或Podcast內容。仔細聽內容中的問題，判斷那個問題屬於向上還是向下問題。這個問題是不是要掌握事實與具體發生的事情（向下）？還是說更著重在對於人是怎麼樣、該是怎麼樣的意見、價值觀、預設想法或概念（向上）？用分析的心態去側聽，可以真正鞏固你對問題結構的掌握，並讓你能更輕鬆地將其應用到你自己的對話中。

練習：試用「先下後上」技巧

有人說出一個論點的時候，仔細聽。例如，有人對於自己身上發生的事情做評論的時候，或者說「某事就是這樣」的時候。試著針對這個論點向他們提出問題。比方有人說，「我今天晚上去參加了家長會，然後那個派翠克——你知道的，就瑪莎的爸爸——又開始不知道第幾次提出翻修學校遊樂場的事情。真的很自以為是。畢竟校長就坐在那裡吔！」

你的向下問題可以是這樣：

- 派翠克說了什麼？
- 遊樂場的翻修有哪些地方？
- 家長會上還有誰？
- 其他人怎麼說？

向上問題應該要包含這些：

- 派翠克的言論中哪裡讓你覺得很自以為是？
- 表現出自以為是的樣子是錯的嗎？
- 派翠克不該表現出自以為是的樣子嗎？

觸及臨界點的問題

執行蘇格拉底式的方法時，你得持續提問，直到觸及臨界點：所有元素都動起來的那一刻。想像一下：你站在超市的結帳櫃檯，有人插隊。你覺得很生氣。而想要轉述事件給別人聽的時候，又常常會陷入怎麼說都詞不達意的困境，整個故事只剩下你的怒氣。其實如果你仔細觀察，你的憤怒出現的時間點是很明確的。憤怒不是整個過程中都存在——它是後來出現的。你可以明確指出憤怒出現的時間點。就是那時候，你覺得生氣。

也許是插隊的人說的話，或是他的推車跟你的推車相撞的時候。也許是他裝作沒看見你，直接在你前面插進隊伍的時候。也許你的憤怒是跟著「他在搞什麼？」這個念頭一起出現的。找出臨界點，你就能進入某人訴說的故事的核心。找到以後，你就可以繼續針對對方的憤怒、哀傷、挫折、感知、觀念或看法，詢問其背後的原因。

要問到觸及臨界點，代表你要持續提出向下問題。你想知道的是事件從頭到尾、每個動作的細節：具體發生了什麼事、誰在場、說了哪些話。清楚知道發生什麼事，整個畫面都在你的腦海中播放過之後，你就能透過詢問向上問題推進。這個人如何看待這些事實和事件？這會影響核心判斷：「當時（在臨界點的時候）……我做了某事／我想／我覺得……因為……」

從這裡開始，你的問題就能繼續問下去。比方說：「那個男子說，『我只是去拿個東西而已，老兄』，然後硬是插隊的時候，我很生氣，因為完全不等別人反應、自己覺得插隊沒關係這種行為很沒禮貌。」

這個核心判斷把各層面都匯集在一起，你可以藉此提問向上問題來往前推進。什麼是沒禮貌？為什麼應該要等別人做出反應？那名男子的行為有什麼特殊原因嗎？就這樣繼續下去。透過找到臨界點，並且辨識出核心判斷這件事，你就能找出究竟發生了什麼特定事件，然後讓對話變得更聚焦、更有深度。

懶散女兒的例子

在蘇格拉底式提問的一堂訓練課程上，娜迪亞跟大家分享了這個判斷：我的女兒懶到不行。亞諾的任務是要對娜迪亞提問，並且找出臨界點。這代表他必須讓娜迪亞說出一個真實的例子，然後取得這個例子的完整樣貌。過程中他必須不斷提問，直到娜迪亞描述的情況能夠像一部電影一樣在他腦海中清楚播放為止。

娜迪亞：我女兒漢娜懶到不行。昨天我回家，發現她倒在沙發上，拿著手機在跟別人閒聊，電視也開著。明明她就有一堆作業要做，下禮拜還要大考。

亞諾：你幾點回家的？

娜迪亞：放學時間，大概四點半。

亞諾：你看到她躺在電視機前面的時候，你在哪裡？

娜迪亞：我下班買好雜貨，四點半回到家。客廳的門開著，我走去廚房的時候經過客廳，就往裡面看了一眼，這時候看到她在那裡。

亞諾：你們兩位有對彼此說什麼話嗎？

娜迪亞：我當然有。我看到她躺在那裡，所以我說，「很舒服吧？」她則一如往常用青少年的態度回了我一聲「嗯」。然後我說，「你沒有功課或訂正要寫嗎？」

亞諾：然後呢？

娜迪亞：她只嘆了口氣，翻了個白眼，然後我就拿東西進廚房了。

在蘇格拉底式討論中，你通常會把例子寫下來，這樣整個小組才能跟上。把內容寫下來也能讓說故事的人檢視自己有沒有跳過什麼環節。你可以照實寫出對方說的故事，但通常大綱就夠用了。

亞諾：所以如果我沒有誤會你的意思，情況是這樣發展的。你回家後在客廳停了一下，看見女兒躺在沙發上，用智慧型手機在閒聊，電視也開著。你說，「很舒服吧？」她回答，

「嗯。」你問，「你沒有功課或訂正要寫嗎？」然後她嘆了口氣，翻了個白眼。然後你就拿東西進廚房了。

可以注意到亞諾在重整娜迪亞說的話的時候，盡可能重複使用娜迪亞選用的字詞。他避免用自己的言語對事件重新詮釋或是總結，也很小心地避免加入新的想法、文字或概念。他盡可能忠實呈現娜迪亞說的話。這樣的表現非常標準，也是我們會在第五部分討論的技巧，到時候我們會來仔細探討何謂好的跟進問題。亞諾先確認過娜迪亞同意他做出的摘要，接著確認整個事件已經說清楚，雙方在理解程度上也差不多一樣以後，亞諾繼續提問，以找出臨界點。

亞諾：你是在哪時候覺得自己的女兒很懶惰？

娜迪亞：當下立刻就覺得了。我一往客廳看過去，看到她的時候。不過我本來就預期她八成會那樣倒在沙發上……

亞諾：你是在哪時候那樣想的？

娜迪亞：我在門口停下來，看到她倒在沙發上，手上拿著手機，電視機開著，我就心想，「她又在懶散了！」

從這個臨界點時刻出發，亞諾就能開始把問題切換成向上問題。他現在已經知道在娜迪亞心中「倒在沙發上，手上拿著手機，電視開著」等於「在懶散」。但他還不知道的是為什麼娜迪亞會這樣想。此刻的重點在於一起檢視娜迪亞的思考方式中，對於人性這個概念深植了什麼樣的判斷、預設想法和念頭。

亞諾：倒在沙發上，手上拿著手機看電視跟「在懶散」的關係是什麼？

娜迪亞：嗯，這個人沒在做任何有用的事。什麼事也不做，只是在那裡占空間罷了。

亞諾：沒有在做有用的事的人就自動等同懶散嗎？

娜迪亞：嗯，也不一定。一個人大有可能做著沒有用的事，但並不懶散。

亞諾：你望向漢娜的時候，她有做任何有用的事嗎？

娜迪亞：沒有。嗯，應該說我不知道。我不覺得有。我其實不知道她拿手機在幹麼，我沒問。

亞諾：那她做的事情跟懶散的關係是什麼？

娜迪亞：我現在有點不確定了。我就是這樣覺得。

在上面這段對話裡，可以看出來亞諾如何先用向下問題，然後轉為向上問題，最後再次使用了向下問題。娜迪亞沒有給予清楚的答案時，亞諾會繼續追問下去，在這個情況下，娜迪亞原本強烈堅持的意見便慢慢崩落。這時候，反詰和矛盾就出現了。到了兩人交談的尾聲，娜迪亞失去了堅定信念的勇氣。於此，我們很清楚地得知，與其說漢娜的行為舉止是懶散的表現，不如說在這個事件中，「懶散」這件事其實比較偏向娜迪亞自己的感知。被問到有什麼證據的時候，才發現娜迪亞其實並沒有什麼確切的證據，對於「懶散」的定義模糊，不知怎的與「有用」相反。

練習：從臨界點開始向上移動

在這個練習中，找個願意跟你練習的人，這個人也要知道自己會經歷蘇格拉底式問話。請他們找一個對他們本身有情緒影響的事件。例如刺激到他們的事件、讓他們生氣或有嚴厲批判的事件。然後針對那起事件開始提問，從各個角度提問，直到整個過程在你腦海中一清二楚為止。你可以做筆記或寫下概括提要——對你有用的就好。然後觸及臨界點。「你的怒火是在哪時候被點燃的？」「你是哪時候心想『真是個混帳！』？」試著把這些時刻找出來，越準確越好。然後提出向上問題，例如，「那些行為跟混帳有什麼關聯？」然後看看你能不能找到更清楚的判斷，「當時（在臨界點的時候）……我做了某事／我想／我覺得……因為……」接下來，你就能提出向上問題，也可以提出向下問題，目標是探索對方的思緒過程。哪些判斷或假設在他們自己都不知道的情況下，塑造了他們的思維？帶著玩心去嘗試、探索，還有發現。除了上述幾點以外，好好享受這整個過程。

向上和向下問題帶來的架構，可以讓你更能掌握所有交談內容，特別是那些你想跟對方一起探究到底的主題。本書你讀到目前為止所發現的知識，都會在這個過程中匯集。你會用上提問時的蘇格拉底式態度，在開始提問前取得對方的同意也很重要。要記得，你很可能會面對反詰與矛盾帶來的不悅態度，這表示有空間可以容納新的、令人意外的觀點產生。不要怕失敗，也不要怕提出模糊或愚蠢的問題。就算是那樣也沒什麼錯。全副武裝好之後就踏出去吧：要學會提出好的蘇格拉底式問題，必須透過嘗試，要能夠每隔一陣子就跌個狗吃屎，然後再重新站穩腳步。

提出好問題的祕訣：天上的派？（遙不可及？）

蘇格拉底式態度的關鍵要素

- 用好奇心當底
- 加一點無所知
- 一茶匙的天真
- 一小撮對更深理解的渴望
- 一份耐心
- 把自己的意見放在冰上保冷
- 同理心留在架子上就好
- 花時間不要手軟
- 還需要放空的腦袋和睜大的雙眼

你培養出屬於自己的蘇格拉底式態度，你知道如何創造條件給好的、有深度的對話，也很清楚如何控制向上和向下的問題。這表示你已經準備好了嗎？快了！畫龍點睛的最後一招，是一系列非常實用、直接適用的撇步，無論你計畫進行何種對話，都可以運用在提問上。各種撇步和妙招，讓人可以提出好問題。封閉式問題是怎樣？可以用還是不能用？那麼最令人生畏的問題呢？那句「為什麼」該不該問？你要怎麼確保對方能夠立刻理解你的問題，不會覺得飽受威脅或被人冒犯？還有哪些提問技巧，這些技巧都有用嗎？

我開過一次關於採訪技巧的工作坊，對象是一群年輕的財經顧問。在工作坊上，大家圍成一圈坐，每張臉上淨是期待。我問他們對於問出好問題這件事有多少理解。「一定要問開放式的問題。」其中一人說道。在場所有人都點頭表示同意。

這個情境我常常遇到：開放式問題就是好問題。也許你也認同。說老實話，我從不知道這個說法來自哪裡：這個觀念其實真的沒什麼幫助。把開放式問題貼上標籤，列為唯一值得問的問題，我們等於放棄了封閉式問題。

問題什麼時候是開放式，什麼時候是封閉式？

在你接著讀下去之前，先花點時間想想這個問題：你知道如何辨識開放式問題和封閉式問題嗎？

我在課堂上或是在工作坊提出這個問題的時候，收到的答案往往是「只能回答是或否的問題，就是封閉式問題，開放式問題會邀請對方給予更長的答案」。但這只說對了一半。提出封閉式問題的目的，可能是要引發是非作答，但是誰說對話都是這麼好預測呢？我就認識那種面對封閉式問題也樂於大談人生閱歷的人，也有那種被問到開放式問題，仍只願意簡短回答是或否的人。若你用這樣的方式來定義問題，你的定義就僅靠著答案來決定，忽略了問題本身的架構。

相較之下，基於問題本身架構形成的分類更簡潔、更易於使用。開放式問題的開頭，用的是最能讓我們輕易與問題連結的詞開頭：誰、什麼、哪裡、哪個、何時、如何或為了什麼？封閉式問題則一定是用動詞或其變位來開頭。

但即便用這樣的規則，也沒辦法完全涵蓋所有問題的基礎。比方說這個問題，「誰是英國女王？」這是個開放式的問題還是封閉式的問題呢？從上面的定義來看，應該屬於開放式問題，因為問題是用「誰」開頭，即便這個問題顯然只有一個答案。但這也不算完全正確，因為隨便一個小朋友都可能會說自己的媽媽是英國女王。所以這就跟封閉式的變異題「伊莉莎白二世是英國女王嗎？」是不一樣的問題了。對於最後一個封閉式問題，只可能會有一個正確答案。

隨著目的不同，封閉式問題有時候也可以是最有效率的工具。如果你只是想要確認某事，可以問個封閉式問題。你交談的對象是不是一開口就停不下來的類型？透過提出封閉式問題，有比較高的機會能讓他們的答案比較聚焦、較有重點。倘若對方說出一個情緒高漲、內容混亂的故事，那麼封閉式問題就有助於表述建構，釐清雜亂的思緒。但如果對方不願提供資訊，封閉式問題大概幫不上忙。

也許更重要的是，封閉式問題往往是最能讓人深思的問題。「你是不是必須時時刻刻保持誠實？」「具備親身經驗中習得的知識是否就能讓你成為專家？」「可以對朋友說謊嗎？」「伸出援手是否一定是正確的選擇？」必須專注且去思考重要的議題時，封閉式問題通常比一般常見的開放式問題來得合適。

當然，你還是要注意自己的封閉式問題是不是個恰當的問題，不可以提出引導性問題，不能誘導答題者回答出特定答案。除此之外，請盡量使用封閉式問題吧！只要處理得宜，封閉式問題就跟開放式問題一樣好用。因為深信自己不該問封閉式問題而畫地自限，這樣的做法實在很可惜，而且完全是無謂之舉。

練習：留意問題的開頭用字

記下你問題中的第一組詞。若你用的是否定動詞，那你的問題很可能就有引導性，或者你是在確認一個假定事實，也可能是在問修辭性的問題：難道那次會議不是非常漫長嗎？問題的開頭可以是動詞，這種情況主要是在你想要確認特定資訊的時候。「你看見飛機在上面飛了嗎？」如果你接下來的談話中會提及飛機，你想要確認雙方都知道主詞是什麼的話，那這個問句就是正確的問法。然而如果你是希望能讓對方提供他們自己的觀點，那「你看見什麼？」會是更合適的問題。

若你的問句開頭是動詞，特別是否定動詞，一定要非常仔細地檢查你說的話是不是真的是問題，還是只是包裝成問題的論點。若屬於後者，不要浪費好問題，直接說出來就好了。如果你的問題以一個論點開頭，那十之八九這不是一個真正的問題，而是一個修辭性問題。「那份報告昨天就該寄出了，對吧？」「髒衣服就是要放洗衣籃裡面，不是嗎？」

練習：辨識開放式問題和封閉式問題

接下來的幾天裡，留意其他人問的問題。在日常交談中、媒體報導中、電視節目裡，試著辨識看看每個情境下，那些問題屬於開放式還是封閉式。不要透過檢視答案來判斷，而是透過問題本身的結構。確認過後，把專注力放到該問題帶來的答案上面。被問問題的人會不會因為問題是開放式或封閉式的差異，做出不同的回答呢？

「為什麼」的神話

許多提問技巧的教戰手冊會建議讀者不要問「為什麼」。這實在是嚴重謬誤，因為如果你想要取得新的觀點、加深自己的理解，那麼「為什麼」正是最重要的問題之一。話雖這麼說，「為什麼」開頭的問題，的確有本輕薄短小的使用說明。有時候被人家用「為什麼」提問，會產生一種被攻擊的感覺。畢竟我們都不習慣有人拿著顯而易見的事物來向自己提問。必須解釋自己是怎麼想的、為什麼這樣想，往往沒那麼舒適，且每當被問到「為什麼」的時候，大家總是傾向閉口不談。

我們常常把「為什麼」這個問題解讀為究責的問題。被問問題的人很容易就會覺得自己必須捍衛自己的立場，即便根本沒有這個必要。我認為這是因為我們總是濫用「為什麼」這三個字。我們問出「為什麼」的時候，往往不是真的對於對方的動機有好奇心，而是已經做好結論，決心要將自己的意見用問題的方式丟出來。我們不說自己在想什麼，或什麼東西讓我們心煩，而是用問題來攻擊對方。「你說你會打掃，結果都沒有做到，這件事讓我覺得很煩」變成了「為什麼你沒有打掃？」對方立刻會發現這不是真心的提問，而是被包裝成問題的批評。我們太常將「為什麼」問題加上責怪意味——例如「你為什麼加班到這麼晚？」或者「你為什麼還在吃肉？」

根據本書對好問題的定義，像這樣的問題完全是背道而馳的行為。這種問題只會成為一種評論，聽起來完全不是真誠的提問。一個好的問題來自於真誠且好奇的態度，因此前面所述的「問題」完全不符合這樣的層面。要取得新的觀點和新的思考方式，一個真誠的「為什麼」問題不可或缺。想要為對話添增深度的時候，想一起思考某事，並且讓某人去審視自己的論點底下有什麼東西，提出一堆「為什麼」問題是個好方法。

我們都太不想要問對方「為什麼」了。通常是害怕使然。我們害怕別人會覺得我們是故意要挑戰他們，怕情況變成一場對質。但是如果我們不問「為什麼」，新的觀點要從哪裡來？所以如果你的對話進行得很不錯，兩方的連結感也很好，時機一旦到來，不要害怕問出「為什麼」。

然而也不要忘記防禦反射，稍微調整一下問題還是好的。當然，除非你與交談對象之間的關係讓你覺得溫暖且安全。或者像是蘇格拉底式交談中，或哲學諮商的時候，你們雙方都已經先達成共識，同意被不斷冒出的「為什麼」冒犯或針對。

試試看像下面例子一樣重組你的問句：

・你為什麼還在吃肉？
↓你吃肉的理由是什麼？
・你為什麼覺得應該要強制公民行使投票權？
↓你對於強制公民行使投票權的看法是什麼？
・你為什麼那樣說？
↓是什麼原因使你那樣說？

問為什麼的時候，還有一個陷阱要留意：「為什麼」問題會讓你踏上尋找單一原因或解釋的路，然而有時候根本沒有那些東西。換句話說，這樣的問題很有可能找不到答案，因為真實生活很複雜，事物的背後往往不止一個原因存在。比方說，「為什麼第二次世界大戰會爆發？」想要抽絲剝繭，找出唯一解答，我只能祝你好運！

在需要尋找唯一原因的時候，你可以問得更具體，像是前面其中一個重組過的問題例子，「……的原因是什麼？」然而，如果你希望能展開更複雜的回應，最好用「如何」來展開提問。「你為什麼決定不要再吃肉？」像這樣的問題往往會促使對方提出單一答覆。然而那個決定也很有可能是一連串因素導致的結果。在這個情況下，「你是如何做出不再吃肉的決定呢？」會是比較理想的問法。

練習：試試看問出「為什麼」的變異體

下次你發現自己想要問「為什麼」問題，但又有點猶豫的時候，把用字調整一下再問吧。比方說「你為什麼……」可以變成「是什麼東西讓你決定……」看看對話出現什麼情況：對方覺得走投無路，出現防禦反應了嗎？還是他們繼續發言，針對他們的思考方式給了你更深入的見解？

一定可以邀請對方說一點的關鍵字眼

前陣子我開工作坊教大家問問題的藝術，對象是住宅互助協會的員工。一開始，我先請他們分享自己希望透過這次工作坊學到的東西。他們的答案包含「我要怎麼提問才能鼓勵對方說到重點？」「我要問什麼問題才能讓對方開始思考？」還有「我要如何透過問出好問題，進而用客戶自己說過的話來應對客戶？」

其中一名參與者里奧諾拉說：「我有三個小孩，分別是十一歲、九歲和七歲。我常常問他們像是『在學校過得如何』這類的問題，但是除了『很好』『沒事啊』或是『還可以』以外，幾乎沒別的答案。我要如何問問題才能鼓勵他們多說一點？」

除了保持動機單純，不要偷渡建議、解決之道或提示在問題裡面以外，還有些方法可以讓比較不愛說話的人多說一點。有個簡單的詞幾乎每次都能派上用場。這個詞可以幫助你好好跟著對方的觀點，不會去帶方向或添加自己的意圖，既簡單又有效：

「告訴我……」

我的摯愛很擅長抱怨。如果他沒睡飽，就算只是少睡半小時，他的頭上就會開始烏雲密布。

他也具備善於表達的人格特質，不論心裡在想什麼都會毫無保留地分享出來。在他最憤怒的時候——很少出現，且頻率不高，感謝天！——就是會口無遮攔地炮轟一場。任何事情都能讓他大聲抱怨。身為一個遇到困難會想要獨自解決、不願意造成他人困擾的人，像這樣的行為真的會讓我覺得難以忍受。我的直覺是先輕視他的困境——「拜託，沒那麼嚴重吧。你可以今天晚上早點睡啊」——或者堅持要他不要小題大作。可想而知，這兩個做法都沒有用，通常會變成提油救火的下場。結果呢？換來更多抱怨啊！因為現在他的睡眠不足還結合了嘮叨的另一半不讓他偶爾抱怨這件事。

真的有用的，是那個神奇關鍵詞「告訴我」。現在每當我的伴侶在火力全開地抱怨的時候（「為什麼廚房這麼小，我還是什麼都找不到？東西都沒有歸位，真的快把我逼瘋了。」），我就會簡簡單單地問一句「怎麼了，告訴我」，然後奇蹟就會自己降臨。第二波抱怨後，我問他我能怎樣幫忙，然後就這樣，風暴結束了。

「告訴我」就像一個閥門。把閥門打開，那些滿溢的情緒、壓抑的感受隨之而來的各種抱怨都能流瀉出來，慢慢退散。

藉此，你能得知對方心思裡的故事，一窺他們思考的方式。當然，接下來要做的事情就取決於你們兩人之間的關係是怎麼運作的，以及你希望這段關係如何運作。如果你覺得找出根源會有幫助，你也想更深入了解一點，可以切換到提問模式試試看。如果用了「告訴我」之後，情況多少看起來沒什麼問題了，就能繼續你要做的事。

練習：「告訴我……」

下次有人在你身邊開始怨聲載道的時候，就在對話中丟出一個真誠的「告訴我」吧。把建議、疑問和想要幫助的衝動先忍下來，說一句「嘿，告訴我吧！發生什麼事了？」當作開局第一步。注意對方對你這個邀請的反應。這麼做對於你與對方的互動造成了什麼影響？

提問的陷阱與類別

我們每天都在不知情的狀況下陷入至少一百個問題陷阱中。通常都很容易解決——有些陷阱只要現在開始張大雙眼，以後就可以輕易跳過。然而有些陷阱會讓你跌進去後還不自知。認識陷阱和問題的類別、學習如何在日常生活交談中看見陷阱的時候認出它來，能夠幫助你進行更好、更有收益的對話。

有人要打網球嗎？

問好問題的感覺就像打一場網球：一個選手瞄準了方向，往網子的另一頭揮拍擊球，然後等著對方把球打回來。既然已經成功擊出了球，就沒有必要為了保險起見，再朝對手多發三球。也沒必要在揮拍時閉上眼睛，讓自己不知道球會落在哪裡。不需要去追那顆剛擊出的球，只為改變球在空中飛的方向或軌道。更不用說跑去站在你的對手身邊，對他悄聲指導該怎麼把球擊回去，或是在對手等你繼續擊球的時候，拿三顆網球玩雜耍。不用在對手沒有如你預期擊中你的球的時候告誡對方。

然而我們在日常生活中提問時卻總是這麼做，頻率高得驚人。我們沒有好好架構一個問題，沒有在提出問題後專心等對方回應，而是做出完全相反的事。我們會對對方提出更多問題，或者解釋自己提出的問題——把對話變成像是獨白或變成交談過程中的評論——或者喋喋不休地說話，讓人無法專注在剛剛你問的問題上面，把問題變得不清不楚、失去力量。

如果想要發表看法，為什麼要問問題？

你的第一個檢查應該是：我是想要問問題，還是想要發表看法？你現在已經知道，所問的問題中有很多根本就不是問題，而是假裝成問題的訊息，是加上了問號的評論。如果你有話想說，那就說出來，不要把話變成問題。那麼做只會造成干擾和麻煩。慢下來，花點時間，如果你想要發表意見，那就確保自己開口說出來的是意見，不是問題。說個故事，表達你的意見，進入辯論。不要用根本不是問題的話語來包裝。

回到我們剛剛的比喻，明明想發表意見，卻用問問題來表現，就像是把網球打過球網，然後又用迅雷不及掩耳的速度追加棒球、籃球、足球。情況會變得非常令人費解。你到底想打什麼球？規則是什麼？現在換誰，對方要怎麼回應？

我們常問一些自己都不知道想要做什麼的問題。開始聊天的時候，不知不覺就問出問題。那個問題通常不清不楚，有可能根本無法看出來是個問題。我們像是拿著好幾顆網球在雜耍，偶爾擊出一顆，方向不見得正確，然後緊接著又擊出一顆，因為……嗯，有何不可？

所以先問問自己：我的問題的目標是什麼？這個問題屬於哪一個類別？你可以用一個問題做很多事：確認事實、對質、為對話增添深度、開啟一個挑戰。如果你想要弄清楚事實，問題應該會以「是誰」「是什麼」「哪裡」「如何」或「哪時候」開始。如果你是想要更深入、開始一場討論，或是讓你的交談對象說出一個理由，那你就會問「為什麼」「某事的原因是什麼」或者「你怎麼決定要如何」。如果你想要用問題來達到對質的效果，可以用對方說過的話來呈現。我們後面會來看看要如何透過問問題來對質，並且讓對方開始思考。如果你想不到問題的目的，可以想一下有沒有開口的必要。如果真的要開口，說出來的內容是問題還是評論。

類別一：輸家問題

這是一個很有意思的問題類別，因為一旦能夠在自己與他人的提問中認出這類問題，就會覺得非常顯而易見又好笑。輸家問題指的是那種暗示接收問題的那個人是輸家的問題，好辨識到不如直接在問題最後加上「輸家」一詞。這種問題完全不是真誠的發問，而是包裝成問題的評論。問的人通常都已經知道答案，提問只是想要造成衝擊罷了。問話的語調，與問題中是否隱含沉默輸家之間的關係很大。

「你還沒寄報告嗎（輸家）？」「我剛不是請你把垃圾桶推出去嗎（輸家）？」

「你又遲到了嗎（輸家）？」

「你那封電子郵件是不是不小心按下『全部回覆』了啊（輸家）？」

你把網球直往對手的方向擊出去，讓他們沒有機會回擊。噢，沒錯，而且你還用他們自己的球拍砸他們的頭。

類別二：可是問題

這種常見的問題陷阱叫做「可是問題」。那簡單的「可是」兩個字非常容易就這樣溜進你問題的開頭。看起來似乎是個無害的填充詞，卻往往會洩漏出提問者心裡真正的想法。這個情況發生的時候非常巧妙，我們自己不太容易發現，卻對對方發出很清楚的訊號。若結合否定語使用，影響的效果最大：「可是你不認為瑪雅應該要用不同的方法回答嗎？」或者「可是你不認為報告的呈現方式應該要改一下嗎？」

就算沒有那個負面詞，「可是」也會讓問題產生巧妙的差異：「可是不能先去游泳池嗎？」跟「我們可以先去游泳池嗎？」是兩個不同的問題——就跟問「可是你為什麼要邀請瑪麗安？」跟「你為何要邀請瑪麗安」不同，是一樣的情況。

「可是」問題底下隱含的意思是：對這件事情，我已經有個想法，但我沒有要直接說出來的意思。換句話說：「我想先去游泳池」和「我覺得你不該邀請瑪麗安」。

類別三：雞尾酒式問題

球來了！又來一球！噢，我忘了還有這球！這球更棒，吃我一記！現在你想回擊哪一球？不，不要選那球！那球對我們沒有幫助！

我們實在太擅長使用雞尾酒式問題。先是問了個問題，然後想出一個更好的版本，所以也一起問出來。而有時候會一個接一個，直到所有問題像連環車禍一樣追撞成一團。我們製造了雞尾酒式問題，讓對方在嘗試想出答案以及答題順序的過程中頭昏腦脹。

結果通常是得到很模糊或根本不完整的答案。通常對方會開始說話，卻不知道自己的話語到底要往哪裡去。這很可惜，因為一次問好幾個問題，其實會讓你們很難進入你想要的那種有深度的談話。要確保自己僅提出一個問題，就這樣。在這麼做的時候，對方對於自己要回答什麼就能有清楚的想法，而且——順利的話——也能給出符合目的的答案。藉此得出的結果會是一場定義分明的交流，沒有其他介入干擾：能給你清楚資訊的回應，可以作為進一步提問的基礎。

現在你知道了以後，在觀察、聆聽交談和採訪的時候，要好好留意雞尾酒式問題。這類問題對於談話對方有什麼影響？對談話本身有什麼影響？

類別四：模糊不清的問題

你有沒有遇過會讓你心想「到底是要問什麼？」的問題？模糊不清的問題會讓你想知道問問題的人真正的意思是什麼。

我的另一半有個習慣，他會在週日早上睡醒時問我，「很晚了嗎？」這個意味不明的問題讓我得去判斷「很晚」的意思是什麼。第一次被這樣問的時候，我回答「對」。當時是早上十點，所以對我來說不算太早，所以我決定把那個時間點歸類在「晚」。他問我時間的時候，我告訴他是早上十點，他只笑出聲後說：「噢，那還早啊！」

考慮到這一點，請在提問時明確說明你想要得到的是什麼資訊。問明確的問題——一個不會讓對方苦苦思考你說的想法或概念到底是什麼意思的問題。

所以不要問：

- 那座塔高嗎？
- 千層麵好吃嗎？
- 他是胖還是瘦？

改問：

- 那座塔多高？
- 千層麵吃起來如何？
- 他是什麼尺碼？

類別五：毫無根據的非此即彼問題

你想要花生醬還是果醬？問題中有兩個選擇，這沒關係。你在趕時間或是想要對方很快做決定的時候，這種類型的問題其實很有幫助，因為它把選擇簡化成二選一。談話對象如果是小朋友，你要幫他們準備午餐且需要立刻知道他們要吃哪一種口味的三明治的時候就特別有用。如果我們選擇這樣的問題，在答案其實不只有兩個的時候，鼓勵對方把回答限縮成二擇一，就會出現狀況：

你想今天碰面還是明天碰面？

- 後天或下禮拜其實也可以是選擇之一。

你是素食者還是你吃肉？

- 一樣，這其實不是非黑即白的問題。你可能是全素者或魚素者。

你想左轉還是右轉？

- 直走或回頭也是一個選擇。

面對像這樣的問題，我們會馬上認定對方在提問前已經把事情都想過一遍了，並且判斷出只剩這兩個選項可以選。但是仔細看看那個問題，以及隨之而來的選項，通常實情並非如此。這其實是有點偷懶的問題：你端出兩個選擇給對方，這兩個選擇只是你隨機想出來的，事實上還有很多選項可選。既然如此，何不把問題變成開放式問題呢？「你的三明治要夾什麼？」「你想要哪時候碰面？」「你覺得應該走哪個方向？」

類別六：半熟問題

我們問的問題裡面，很多都只完成了一半。這就像端一塊沒烤熟的蘋果派上桌。那東西看起來一點都不像蘋果派，你也不確定自己吃到的到底是什麼，不知道自己該有什麼反應。問問題也一樣：一個獨立的問題應該要清楚、完整，並且切入重點，而半熟問題站都站不住腳，也沒辦法引發清楚的回應。

如果有人說出像是「布拉姆又在故技重施」這種話，問一句「那是什麼意思？」應該非常合理。這個問題讓對方可以判定你是想要知道他對布拉姆的評論的意思。但是以一個問題來看，「那是什麼意思？」並不是個完整的問題，因為這問題沒有表明想問的是哪件事。這個問題少了一個部分：「你說……的時候是什麼意思？」在這個情境中，就是「你說『故技重施』是什麼意思？」

在布拉姆的這個例子裡，這樣問可能不會造成什麼問題，但是在比較複雜的情況下，這樣問就會變得棘手：我跟安娜一起走在路上，遇見這個男的……你如果看到他就知道他是誰了。那時他坐在長椅上，旁邊停了一台嬰兒車。他抬起頭，開始放聲大叫。真的很怪。我們不知道要做何反應。

這次也一樣，「那是什麼意思？」好像可以在這個時候問。但是你的問題具體是要問那個男子、問安娜、問男子喊了什麼或在對誰喊——更別說嬰兒車在這件事中到底扮演什麼角色也很值得一問啊。一個獨立的問題會很完整、清楚、直接且容易回答。這樣的問題要取得的資訊為何，不會讓人感到疑惑。比方說，你可能會問：你說誰是安娜？你是指哪個男的？他喊了什麼？他在對誰喊？你為什麼覺得很怪？

問得越明確，就越能貼近對方的經歷。你的疑問能夠聚焦，並且可以問出你想要的資訊。

第四部分在這裡要結束了，希望你現在已經熟悉各式各樣的提問技巧：向上與向下問題背後的理論、臨界點是什麼、如何問跟進問題來取得新觀點、常見的提問陷阱以及避免的方法。在第五部分，也就是最後一個部分裡，我們會更仔細地審視自己問問題的方法，也會學到如何維持對話的深度。

Part 5

從問題到交談

開闊的心胸能拓展你的思考能力。

——Loesje 國際言論自由知識

你已經努力鍛鍊自己的蘇格拉底式態度，並且磨練了聆聽的技巧。你採取了開放和好奇的觀點。你學會了如何避免提問的陷阱，也會利用有益的技巧。這一刻來了：你要把你所學的一切結合起來，問出好的問題。可是接下來呢？你要如何從一個單一的問題進入有深度的談話之中？

骨牌遊戲

一段好的對話、能自然地在問與答之間流動的對話，感覺會像是玩一場老派的骨牌遊戲。把骨牌依照點的數量排好：四個點的骨牌一定要跟另一組四個點的骨牌放在一起，不可以是三點、五點或六點。最好的情況下，問題和答案應該要能以大致相同的方式緊密接合。然而現實情況中大多不是這樣子。我們常常會變成想要把六個點的骨牌跟四個點的放一起，或是把一點的跟五點的放一起。

比方說，你問了一個封閉式問題，結果對方把回答變成一場華麗獨白。或是你問了一個仔細建構出來的開放式問題，結果只換來了一句對或不對。有時候，對話中的雙方在整段交談中，各自都用不同的波長進行。也許對方對你的問題只聽了一半，然後觸發了一個完全屬於他們自己的聯想，他們就跟著那個念頭繼續下去。而你被他們的答案吸引，以至於你也開始對他們所說的話產生自己的聯想，幾乎沒有注意到他們並沒有真正回答你的問題這件事。許多對話的模式都有這個特徵——將一段陳述、奇聞軼事或觀點疊加在另一個之上——而不是玩骨牌遊戲，沒有以真正契合的問題、答案和反應來交流。

而且，兩個獨白之間切換不能算是對話。我的朋友皮平跟我說過一次參加聚會的經驗：「聚會是我岳父主辦的，我聽他對著一群賓客說話，那些人全都跟他年紀相仿。令我很驚訝的是，他們就只是在那裡跟對方說自己是怎麼替自己和家人安排事情。退休金、投資——包山包海。沒有人提出任何問題。其中一人說完要說的話之後，就會有人開始講自己的成功故事。」

我們並不是天生就具備好的交談技巧，這種技巧也不會自然而然地產生。這是需要透過訓練和練習去培養出來的能力。

檢查手上的骨牌：對得上嗎？

檢查骨牌最簡單的方法——看對方的答案有沒有回答了你的問題——就是先把內容過濾一遍，並且立刻檢查問題和答案的結構。是非題是否真的問到了是與非的答案呢？你給對方兩個選擇的時候，對方真的選了其中之一，還是他們想出了一個僅稍微擦到邊的答案來回答你？如果你問：「現在幾點？」對方是真的告訴你時間，還是給你完全不同的回答？

如果你發現一些不是你想問的資訊——如果骨牌上點的數字對不起來——那就該出手干預，重建對話的清晰度了。簡單地重複問題通常最有效果，比賣弄聰明、點出對方沒有回答你的問題還有效。

以下的例子是我某天在阿姆斯特丹的電車上聽到的：

A：你想吃壽司嗎？〔是非題〕

B：我前幾天晚餐去吃了壽司，實在是一場鬧劇。餐廳裡人擠人，每次餐點端上桌都會少東西。服務生忙得不可開交，跑來跑去地互相咆哮。

你看，一個封閉式問題遇上了一番對於壽司的愛與愁的分享，顯然這場對話的骨牌根本對不上。

如果談的是更內心的話題，參與談話的人更沒有防衛的時候，情況會變得更加棘手。牽扯到更多利害關係的時候，人都會想要從艱難的問題中脫身，不願意承認自己有時候就是不知道答案。例如：塔立克與安是山姆的家長。山姆跟彼得出去玩了一晚。出去玩的時候，有人嗑藥，情況有點失去控制。

安：你覺得我們應該要阻止山姆跟彼得出去嗎？

塔立克：我認為彼得還算是個好孩子，但是昨晚出去玩的事情讓我有點擔心。那些事情讓我開始猶豫是不是應該⋯⋯

安問的是一個是非題，塔立克則是分享他的感受作為回答。結果就是變成一段對話，但是也僅止於很表面的交談而已。在塔立克言不及義的話語中，最後的答案仍不明確。

如果你想要有深度、夠清楚和更準確的焦點，先回答問題，然後再開始闡述你的論點、疑慮和考量之處。這樣就會讓內容變得比較容易被檢視和提問。一開口就表達立場並不容易，也會讓你覺得很赤裸，但是可以帶來比較清楚的對話：

安：你覺得我們應該要阻止山姆跟彼得出去嗎？

塔立克：對，我認爲我們該這麼做。

安：你爲什麼這樣想？

塔立克：因爲昨晚他們惹上的那些麻煩。彼得還算是個好孩子，但是昨晚出去玩的事情讓我有點擔心他可能對山姆來説是個不好的影響。我覺得暫時禁止一陣子應該是個好主意……三個月怎麼樣？你的看法如何？

在第二版的對話中，塔立克的立場和其背後的論點就清楚得多。他的答案與安的問題之間，「骨牌」的點數就對齊得很好。

前陣子我獲邀去參與Kramcast的討論，這是一個討論神學、哲學和政治的Podcast節目，製作人是馬克・艾克瑪。從錄音開始前、錄音期間到錄音結束，這整個過程中我們都談得很順利，交談內容自由地流動。將近兩小時的時間中，我們談到問問題這件事，討論為何大家都想避免問問題，為什麼總是這麼不擅長問問題，以及如果我們對問問題多留意一點，這整個世界會有多大的不同。馬克同意如果我們能以改善交談的品質為目標，多問彼此一點問題——不僅更多，還要是更好的問題——一定會獲益良多。

在錄音過程中，我提起了本書最前面講過的那個午餐的經驗——講到有沒有生小孩的時候，沒有小孩的人會被跳過的這件事。錄音結束後，大家又聊起這個話題，我提起自己對於該不該成立家庭的疑慮和想法。馬克說，大家都以為某人決定「不要生小孩」一定有什麼很重大的原因，卻很少去想為什麼很多人「要生小孩」，他認為這個情況其實很奇怪。

馬克提起自己的孩子：他說起自己多享受與孩子們的生活，但是這樣的生活同時也是多麼操勞又艱難。他說他在生小孩之前，完全不可能想像得到為人父母帶來的影響，他也非常能夠理解沒有孩子的生活的美好之處。我問他，「再讓你選一次的話，你還是會做一樣的決定嗎？」當然，這是一個很私密的問題，這種問題必然會帶來一點緊張。坦然地回答這個問題，會讓你被放在一個沒有防備的位置上，但我當時覺得我們之間的關係足夠開放，可以這樣直接提問。

馬克開口回答。「嗯，從我們現在的情況來看，以及考量我們當時做出決定的時候的身分……」他這樣說下去。

可是我的問題是個是非題。如果你想要在一段交談中深掘，並且更清楚地聚焦在當下討論的主題上——像在這個例子裡，我們兩個都想——那麼你的答案一開始必須要是是或否，然後才開始尋找更精準的言語。但是我們都不習慣這樣做，特別是情況變得有點私人的時候。面對現實吧，最私人的問題莫過於問你後不後悔生小孩了啊。

可是我們才剛花了兩小時的時間探索交談和問好問題的藝術。所以當馬克停止說話，定定地看著我的時候，我說：「你知道剛剛那是一題是非題，對吧？」

「噢……對！結果我在這裡長篇大論啊。通常我這樣回答，沒有人會有意見，不過現在當然是不一樣了。好吧，讓我們來找出重點，盡可能好好地回答這個問題。」

我保持沉默不語。

「會的，如果讓我再做一次選擇，我還是會做出一樣的選擇。因為如果你看看我現在的生活……」

接下來的分享內容清晰又富含細節，成了提問的絕佳基礎，也留下了空間容納新的觀點。馬克從未從自己的角度出發來回答這個問題，這次他這麼做——給自己時間去思考、聚焦在自己的回答上——他找到了一些自己之前都不知道的觀點和想法。

一個巴掌拍不響

在一段好的交談中，你會希望骨牌的點數是對得上的。你也會要求玩家輪流。你不會想要有人一口氣把桌面上所有骨牌都翻開，把其他玩家都擠下去。順利的情況下，你說話不只是為了聽到自己的聲音，你說話是為了讓別人聽到你的聲音。不要被自己的故事困住，你該做的事情是維持你與交談對象之間的連結。當然，你要透過目光交會和肢體語言來達成這件事，除此之外，你該說什麼話也很重要。一般人在說話的時候常常為了要讓對方印象深刻，會有意或無意地加入詞藻華麗的獨白，藉此展現自己說話的重量，或表現出聰明的樣子。但這不是對話，而是一人擔綱的獨角戲。單方面的獨白通常只對一個人來說有吸引力又有趣：就是說話的那個人。

蘇格拉底在交談間的其中一條規則，就是保持簡潔有力。在漢斯・波爾頓的文章〈蘇格拉底式對話作為團隊反思的工具〉中描述了蘇格拉底與普羅塔哥拉斯的交談，蘇格拉底請對方不要再一直沉浸在難以理解的獨白中，並表示自己實在沒辦法跟上這樣的說話方式。

蘇格拉底：普羅塔哥拉斯，我的記性很差，只要有人開始對著我長篇大論，我就記不住他們到底在講什麼。你看，假如我是聾人，你要跟我交談，就得放大音量，所以說，在我的記憶力這麼差的情況下，如果你想要跟我交談，我只能請你把答案精簡一點。

普羅塔哥拉斯：這是什麼意思？我要怎麼精簡我的答案？我該把答案縮得過短嗎？

蘇格拉底：當然不是。

普羅塔哥拉斯：但應該要短得剛好？

蘇格拉底：對的。

「普羅塔哥拉斯對這個限制很不耐。」波爾頓寫道。「他已經習慣用自己覺得合適的方式說話了：用一大堆華麗的詞藻來讓對方佩服，畢竟就是這點讓他跟其他辯論家能夠分出差異。」他接著寫到普羅塔哥拉斯完全不打算滿足蘇格拉底的願望。最後，蘇格拉底就使出大絕招，表示他要走了：

蘇格拉底：普羅塔哥拉斯，如果你不想交談，我也不打算強逼你，但是如果你願意用我可以跟得上的方法來跟我辯論，那我就會跟你辯論。〔……〕不過我看得出來你並不願意這麼做，而因爲我還有事，讓我沒辦法留下來聽你大說特說（因爲我得去別的地方），我這就要走了，即便我其實想留下來聽你說。

波爾頓接著描述一旁聚集的群眾對兩人的交談有多驚訝，並且試圖說服兩人繼續交談。最後普羅塔哥拉斯同意了，並且表示願意如蘇格拉底的要求，用簡短且能夠理解的方式來表達自己想說的話。波爾頓寫道：

這時，蘇格拉底才能檢視兩人交談中的重要議題：學問、智慧、勇氣、正義、虔誠與美德是同一件事，只是換個名字，還是說那五件事情其實本質是不同的東西？

跟進自己的提問

在我開的課堂或工作坊上，最常有人問的問題就是：「我要怎麼跟進自己的問題？」問一個好的跟進問題能讓你的交談深度大為提升，帶你超越粗淺的日常生活閒聊。你能更加認識對方，並且給他們空間，讓他們能夠放下防衛，展露出自己的軟弱之處。然而到底要怎麼跟進呢？要從哪裡開始？談話中的哪一個面向可以用來跟進問題？問這種問題有什麼方法？你要怎麼跟進才不會讓自己出糗？要如何透過跟進問題來與他人對質？

跟進問題的是與非

跟進自己提出來的問題，重點在於確保你是在更深入地探索一個論點、一個看法或故事。不是為了要拓寬觀點或增加新的說法、新的概念。而是應該要著重在把已經端上檯面的題目鑽研得更深入。你可以透過詢問一個觀點背後的原因來跟進。你可以請對方針對那個主題舉例，或探索那個主題的其他面向。如果你走偏了，問的問題跟你們在討論的題目無關，而是觸及較無相關的範圍，那你就不是在跟進，而是開啟一段新的對話。

跟進問題的效果跟問出「為什麼」一樣——讓對方有壓力，開始想要替自己辯護。當然，這其實就是你要做的事。你是在請對方證實自己的觀點或論點。只要你在那裡要求對方舉證來強化自己的論點，他們就不能夠用一句像是「領補助金的人就是不想工作」這種廢話來脫身。

這正是為何有這麼多人不會跟進自己的提問：我們不想刁難對方，比較想讓心情保持輕鬆愉快，維持親切的人際關係。「我憑什麼叫人家證明什麼事啊？調查別人的論點和理由難道是我的工作嗎？」

嗯，有何不可呢？問對方真正的想法是什麼，還有問他們想要說什麼，這樣的行為從哪時候開始是個壞主意了？從哪時候開始，我們變成應該只會點頭微笑，而不是真誠地對於某人的觀點和論點背後的證據表露出興趣？透過提問來跟進，你就能請對方對自己的論點負起責任。希望這個論點有個值得探索的基礎（雖然如此，但常有例外）。我認為我們對於跟進這件事過於謹慎。因為問的問題不夠多，等於是任憑對話就這樣變成陳腔濫調，或者充滿沒有仔細思考過、證據不足的判斷。

當然，你要能成功問出跟進問題，跟維持你的蘇格拉底式態度很有關係。如果你的問題伴隨著批判的目光或口吻而來，得到的結果會與你本來的目標相反。你必須對於對方所說的話背後的理由感到真心好奇，並且要把自己對於那件事的看法收起來。有時候，用另一個問題來回答對方的答案，這個簡單的動作，就能夠鼓勵你的交談對象反思：「我說的真的是正確的嗎？我覺得我知道自己在說什麼，但也許我沒有想透徹……」

跟進＝分析性的思考與聆聽

要用真誠且有效的問題來跟進，你得先學會認真傾聽對方說話。這表示你不能太過投入在內容中，不能產生太多自己的看法，不能想要說服對方，或是開展出一來一往的辯論。純粹地聽、蘇格拉底式地聽對方言語中的言詞特色。把同理心收起來，不要想去安慰、給予建議或修補任何東西。除了以上幾點以外，對於論點或判斷背後的東西要有好奇心。你的重點要放在兩個基本的問題上：「這個人字面上到底是在說什麼？」以及「這些用字遣詞背後的想法是什麼？」

要成功地跟進自己提出的問題，你得先建立一點距離——與你的交談對象，以及與你們討論的主題都要有點距離。問問自己，對方提出了什麼論點，想想看這個新的論點有沒有與他們剛剛說的東西一致，還是說對方自相矛盾了。把交談中的這些層面都辨識出來，而不是被內容帶著走，你會能夠更輕鬆地問出更好的問題。

問最明顯的事

最簡單的跟進方法，就是對看起來最一目了然的事物提問。有時候我們在交談過程中會自己腦補，讓自己覺得已經了解對方的意思。但是如果你用蘇格拉底的方法去聆聽，專注在對方使用的言語上，很快地，問題就會自動浮現在你腦海中。

如果有人說「當老師的人應該不要再抱怨了，他們應該慶幸自己還有份不錯的工作」，我們的直覺會是點頭同意，「對，我也很贊同。」或者採取一個立場，「嗯，我姑姑是老師，她說這真的是一份很有挑戰性的專業。」我們很少想到可以提出問題。如果你用蘇格拉底的方法去聆聽，並且對於看起來一目了然的事情提出疑問，你可以問：「這些當老師的人都說了什麼？」或者「你為什麼覺得他們有一份不錯的工作？」

對方可能會立刻採取防禦的態度，開始說一些像是這樣的話：「嗯，只要看新聞就知道了啊⋯⋯」但是如果你堅持提問下去，對方最後一定無可避免地要檢視自己潛意識中隱含的主張，把主張變得更加明確。

練習：對一目了然的事物提問

找一個人跟你一起進行這個練習。讓他們寫下一個他們認為理所當然的觀點。也許他們對於進城費、#MeToo、政治或信仰有很強烈的看法。讓他們選出一個題目，用自己的立場做出判斷或論點。

例如：

為了整個社會的健康，父母應該讓孩子接種疫苗。反對接種疫苗的父母應該少考慮自己，多考慮共同利益。

然後有意識地替自己拉下手煞車：不要去想你自己贊成或不贊成，也不要開始想要提供你自己針對那件事的選擇或想要改變對方的想法。你唯一的目標，就是要調查一個論點中看起來顯而易見的元素。要能擁抱那些看起來很愚蠢的問題，因為這些問題能夠針對一個論點中看起來非常清楚的環節投出疑問。比方說：

- 不想讓孩子接種疫苗的父母是否只想到自己？
- 為什麼考慮共同利益很重要？
- 讓兒童接種疫苗如何有益於社會健康？
- 只想到自己錯了嗎？
- 你應該為自己考慮多少，為他人考慮多少？

跟進的兩個方法

一般來說，你的跟進問題可以採取兩個方向進行：你可以聚焦在對方的思緒上，進而探索預設的想法和其背後的思考內容，也可以跟對方一起來檢視一個與他們徹底相反的立場。

・質疑他們的思考內容——

你怎麼能這麼確定？／大家都是這樣想的嗎？／你的論點是什麼？

・反對你的人會——

怎麼說？／你是基於什麼考量才這麼說？／有其他方法嗎？

鎖定對方立場所提出來的問題，能讓你在他們的思緒中挖掘得更深入。他們的論點是根據什麼而來？他們的看法底下有什麼樣的預設立場？他們是如何架構自己的思緒？結構合理嗎？對反面立場提問能讓你的交談對象產生一些彈性。對方能不能用認知同理來站在他人立場思考，並且理解反對的意見？

哪時候該選擇哪一種方法，並沒有一定的規定。但是先清楚了解交談對象表達出來的立場後，再邀請他們探索其他選擇會很有用。

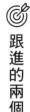

練習：跟進的兩個方法

下次你聽到有人做出了你想要提問和跟進的論點時，先從留意這兩種方法開始。首先，先試著詢問對方的思考：「你為什麼會這樣想？」「你為什麼會那樣說？」「具體的運作方式是什麼？」

一旦你真的覺得自己已經理解了對方的思考內容（不同於認同或不認同喔！），改變方向，開始探索相反的意見：「每次都是這樣嗎？」「在什麼情況下，情況可能會不同？」「經歷過X、Y、Z的人對這件事有什麼看法？」

回聲：最簡單的跟進法

回聲式問題是你在任何時候、任何地點都能用的那種連接工具。特別是在你不確定接下來要問什麼問題、卻又想要針對某人說的話來跟進自己提出的問題的時候。回聲式問題讓你能從第二種位置或者「你」的意圖去聆聽（我們在第三部分討論過），並且不會提出建議或新的概念。這麼做可以讓你不要腦補，或是自己去臆測。要專注於對方身上，同時對於他們的言論更深入挖掘和探索，最好的方法就是使用回聲式問題。你的提問要跟從井底傳來的回聲一樣清楚又簡單：完全使用對方的言詞。不是相似就好，也不要重整句子，而是直接重複。

同事說：「我前幾天跟吉姆談過，真的很痛苦。」你可以問：「是什麼東西讓你真的很痛苦？」如果朋友抱怨男朋友的事情，「克里斯真的是個廢物。」你可以問：「什麼事情讓克里斯真的是個廢物？」你基本上就是把對方說的話彈回去給他，就好像你對著一口井說話，傳來的回聲會是一樣的內容那樣。

幾個關於回聲式問題的好例子與不好的例子如下：

・會議長得要死。

不要問：為什麼會議這麼長？／有什麼關係嗎？

可以問：為什麼會議長得要死？

・漢克的母親又故技重施了。

不要問：她做了什麼？／她這次說了什麼？

可以問：你說「她又故技重施了」是什麼意思？

・我真的覺得那樣做很荒唐。

不要問：為什麼？／是什麼東西讓你覺得他們的行為很蠢？

可以問：怎樣做很荒唐？你為什麼覺得那樣做很荒唐？

在每個好的回聲式問題的例子中，都盡量地使用了對方說的詞語。沒有換句話說，沒有新的觀念。重複他們說的話給他們聽，能夠讓對方覺得自己的話有人聆聽，他們腦海中的思緒快車也能繼續往前進。

一開始可能會覺得有點奇怪。參與我其中一門課程的學員說：「可是這樣做感覺太假了。如果我換句話說會怎麼樣？畢竟對方還是會懂吧？」然而，在這次練習中，他的談話對象卻完全不這麼認為。聽見「回聲式問題」讓他覺得他被理解了，且覺得有機會能夠用自己的方式說出自己想說的事。

當然，你不能在接下來的十分鐘裡都只用這個策略來回應每一個論點，否則就會變成一隻惹人厭的鸚鵡。不過也先不用太擔心這件事，安心地去試試看回聲式問題吧。在你交談對象覺得你像隻鸚鵡之前，你八成會先自己意識到這件事。

跟進概念

一個論點或是一個問題的核心，往往是一個概念：一個癥結點、至關重要的那一件事。概念就是主題，是個意見、是現有的議題。通常這個概念的形式頂多以一個詞彙呈現，高掛在論點或問題上方，彷彿一個看不見的招牌。學習辨識概念能讓你問出更好的跟進問題，並且有能力分辨主要議題和不重要的細節。

拿我們之前用過的例子來看看好了，某人可能會說：「你應該讓家長自己決定要不要讓小孩打疫苗。這不該是任何人可以強制要求的事情。」高掛在這個論點上方的核心概念是自治。看起來針對疫苗的議題，說話的人覺得最重要的就是這個概念。對他們來說，利害關係就是這個。

也許會有其他人提出另一個思考層面：「疫苗接種需要集中監管和管理。假設大家都沒有讓孩子接種疫苗，目前或多或少算是在控制範圍內的各種疾病很快就會爆發。」這個例子裡，說話的人的中心概念就是控制。

同一個議題，兩個人的立場差異極大。檢視立場背後的概念就可以清清楚楚地看出來，衝突有多麼輕易就會產生：自治和控制本來就是對立的兩個立場。了解了概念是怎麼運作的、學會辨識核心概念，就能真正地澄清你的視野。這點不僅限於你自己的思緒，在對話中也一樣，在你想要問出好的跟進問題的時候更是如此。

要回應上方的論點，你可以問：

- 家長的自治權是最重要的嗎？
- 放棄一定程度的自治權是不是很糟糕？
- 如果在疫苗議題上，家長取得全面的自治權，後果會是什麼？

或是問：

- 控制到哪裡為止，自治從哪裡開始？
- 對於家長做什麼和不做什麼的控制應該到什麼程度？

想像一下，有個朋友對你說：「我跟我姊珍妮特達成協議，從現在起，我們要輪流打電話給媽媽。媽媽獨處的時間很長，珍妮特住得離媽媽不遠，我則住得比較遠些。說老實話，我覺得珍妮特可以為媽媽多付出一點。對她來說比對我來說容易啊。」

思考一下你的朋友真正想傳達的概念是什麼。他們真正想說的是什麼？如果你可以掌握核心概念，就能更清楚自己可以問什麼問題。如果只是隨口就開始問問題，很可能只會問出自己關心的問題。這麼一來，你跟對方的思緒快車擦身而過的機會就變高了，可是其實目標應該是要保持越貼近越好。

練習：辨識概念

看看下面的論點，看看能不能找出核心概念，然後用一個詞彙來表達。

1. 像西塞・羅茲（Cecil Rhodes）這樣的公眾人物雕像應該被留下。他們是我國歷史的一部分，這不是我們可以置之不理的事情。
2. 成為素食者是我的自主選擇。我認為人不應該為了自己的快樂而屠殺無辜的動物。
3. 這個社會應該要有讓女性可以免費獲得衛生棉條和衛生棉的自動販賣機。僅因性別的關係，女性就必須比男性多花一筆錢，這是不公平的。
4. 言論自由在過去和現在都是公民充分參與公共辯論的重要先決條件。沒有言論自由，各種權利侵犯的事實永遠不會被揭露。沒有言論自由，人民就沒有機會可以影響政府。

練習：關於概念的跟進問題

找一份有訪談內容、有發表意見的內容或讀者來函的報紙、雜誌。讀一段言論或文章段落，找出其中的核心概念。然後想三個可以問作者的問題。這個練習可以讓你在對話中辨識概念的速度加快，以利於接著問出切中重點的好問題。

用問題來對質

在對話中挑選正確的問題來與對方對質的能力，問出那種可以立刻擊中重點的問題，讓對方思考自己剛剛說的話：這是非常好的技巧，主要是因為這個方法能夠讓許多交談對象開始思考。但要怎麼做呢？你要如何靠著問出一個問題，就讓對方一定會去反思自己說的話？甚至讓他們意識到自己屁話連篇，想法前後不一致或漏洞百出？

實用哲學家亞麗安・海寧根給了我們一些關於靠問題對質的小撇步和想法：

我們常常認為用對方的理論跟他們對質這件事很冒險，擔心可能會導致吵架或衝突。在我們看來，從對質到失和、紛爭和煩惱之間的距離只有一小步。若是非得對質不可，我們又常會堅持幾個預設想法：

- 對質會導致衝突——對方可能會覺得我的問題讓他很受傷，不想回答問題，或是防禦性很強地回應我。
- 對質會造成緊張——會危及兩人的關係。
- 除非我對那個主題博學多聞，深信我知道的比對方還多，才有資格去跟人家對質。

但是如果你具備蘇格拉底式態度，能不加批判地問問題，那麼以問題來與某人對質大可不必這麼艱難。

對質是什麼？

最直接白話的理解，對質就是表示要採取與對方相反的立場。本質上，對質就是如此，不多也不少。你把收到的東西還回去。你把聽見的東西反應出去。

蘇格拉底式的對質方法其實就是將某人自己的陳述交還給他們，讓他們自己思考。與有沒有站在制高點無關，也不需要把人拉下來。不用堅持你是對的、他們錯了，嚴厲指責。重點在於認真傾聽，給予回應。

所以哪時候適合選擇對質呢？在這些情況下，你可能會想要用對方的言論來跟他們對質：

- 對方語焉不詳。
- 對方說得天花亂墜但是沒有說到重點。
- 對方自相矛盾。
- 對方在推理過程中犯了錯誤。

這樣的對質也代表你不需要成為對方所說的事物領域的專家。你只要切入這個角度，使用本書教你的技巧：「你究竟是什麼意思？」一第三種傾聽方式。這個傾聽方式是要聽話語表面的特別之處，專注在言語上，留意口吻語氣、論點架構、愛用的概念，以及可能會出現的矛盾。你知道得越少，更能自然地對那些看起來顯而易見的事物提問，通常也是這些東西最能夠讓對方思考。

不過如果出現以下情況，請避免這樣的對質：

- 你只是想要爭一個輸贏。
- 對方惹得你很不高興，你想讓他們知道這點。
- 你沒有對質的心情，你可能再也不會見到對方，也不在乎對方是不是滿口胡言。

如果你在心情很煩的時候與他人對質，或者只是想要證明你是對的、對方是錯的，那麼你的對質可能就會聽起來像是一頓責備。談話結果就會是你最不想要的那樣——變成吵架或衝突。在具有冷靜、同理心中立和適量專注傾聽的情況下，透過提問來對質就會發揮最大效用。

如何使用問題來對質

所以說，要如何保持蘇格拉底式的一派輕鬆來與他人對質？在一對一的對話情境下？透過提問來對質的其中一個方法是重複對方的論述，或者重複一部分。這麼做的原則跟前面提過的回聲式問題原則一樣。

比方說：

・欠債的人都是不擅理財的人。

・都是嗎？

或者：

・班實在是自大到誇張！

・自大嗎？

另一個簡單的對質方式，就是採取天真、驚訝的聽眾態度，直接請對方解釋。

比方說：

・欠債的人都是不擅理財的人。

・他們都不擅理財嗎？你這樣說是什麼意思？

或者：

• 這麼多女人在高喊#MeToo，男人不用多久就什麼事都不能做了啦！

• 我不懂。女性談論#MeToo，為什麼表示男性什麼事都不能做了？

或者：

• 你知道那種人是什麼樣！

• 不，我其實不知道。他們是什麼樣？

如果對方沒有回答你的問題，你可以直接點出這件事，然後重複你的問題，讓他們開始回答。這過程包含了你得仔細聆聽，當然也包含要注意到對方有沒有回答你的問題，以及他們給的答案中有沒有什麼缺陷。

• 你：什麼是負責任？

對方：跟勇氣有關。

• 你：這個答案沒有回答問題。你提到某個東西跟負責任有關，但什麼是負責任？

或者：

• 你：這份工作哪裡讓你覺得很酷？

對方：嗯，這是我夢寐以求的工作啊！

•你：這個答案沒有回答問題，只讓我知道你在拿到這份工作之前，對這份工作有什麼感覺而已，但是沒有解釋這份工作本身的狀況。這份工作是哪裡讓你覺得很酷？

如果對方想用廢話模糊你提出的問題的重點，請堅持下去。不要讓他們用這招混水摸魚，要繼續請他們給予更清楚、更具體的答案。這就是另一種對質的方式。

比方說：

•你：你工作如何啊？

•對方：嗯，你也知道那種感覺吧，好像真的很想要某個東西，不過後來又不想要了，彷彿心裡有個聲音，但腦袋又有別的聲音那樣。因為你知道自己已經跟對方達成一些協議，實際上你只想擺脫那些要求，只是不知道要怎麼做，又覺得不太對，你懂吧？

•你：你想說什麼？

對於用問題來對質這件事，亞麗安・海寧根在自己的部落格上這樣寫道：

對質其實只是把你接收到的還回去而已。就只是這樣。你只是點出某事，把某人說的話的狹隘處點出來，幫助對方擦亮思緒。我們不習慣在沒有評斷的時候去對質，不習慣沒有進一步的原因、沒有其他目的，單純只是想要一起努力變得更有智慧一點這件事。但正是因爲少了評斷、少了進一步的原因——雖然這種感覺很不熟悉——才讓對質這件事可以不多不少、僅僅是將某人端上桌的內容還給某人。就是這麼單純、簡單且清楚。

對質性質的問題的確會造成一點緊張感，可是沒有關係。畢竟你是在邀請，甚至說是強制對方去思考他們說的話到底有什麼意思，並且請他們釐清、證實並且為自己的發言負起責任。沒有人會因為這麼做而導致面臨更糟糕的局面。

即便如此，那種不舒服的感覺還是很強烈：「像這樣找人對質，會不會太不替人著想了？」我常常被問這個問題。儘管如此，我還是認為如果你讓對方一直深信自己的廢話連篇，對於對方和你們的交談來說——更不用說對你自己以及這廣大的世界來說——其實更加不替人著想。要一起變得更有智慧，其中很大一部分就是要把有意義的內容跟垃圾話分別出來。

練習：用問題來對質

在接下來的幾天中，好好審視新聞內容，留意某人說話不清不楚、自相矛盾、長篇大論又沒有重點或在思緒中打結的情況。在這些情況中，想想要如何提問才能用他們的亂聊內容、空談、矛盾或錯誤思緒來與他們對質，並且鼓勵他們對此開始反思。

等你開始有自信之後，在一對一的交談中試試看。如果這麼做有效果，你也覺得願意更進一步，那麼試著在會議上或小組討論時提問來與對方對質。不過要特別留意自己的態度：記得保持開放，不要加以評斷，並且要一直抱持好奇的態度去觀察和聆聽。

跟進：用「如果」問題來當你的強心劑

如果你想要讓對方看看議題的另一面、讓對方的思考方式拓展一點點，並且讓他們的腦袋清出一點空間，一個真誠的「如果」問題有時候會非常有效。這種問題有時候會像是一個驚喜，最後還能讓對方的腦袋動起來，往往能夠換來連回答的人都意想不到的答案。

知道自己怎麼想的，能讓自己決定要不要這樣想

布蘭達報名了我第一批「日常哲學」課程。那堂課有十二個學員，我們每週會碰面，培養實用哲學的技巧。我們進行了討論、思考練習和鍛鍊蘇格拉底式提問技巧。

有天晚上我們練習的是評斷。我們常常憑直覺就做出評斷，沒有真的弄清楚自己的論點根基是什麼，但是這種直言不諱的意見通常就是句點，支持那個評斷的立論則不清不楚。對方對你的最初那個直覺性的評斷提出疑問，你也意識到自己打造的那個思緒架構的時候，可以主動選擇堅持或拋棄那個評斷。那天晚上，布蘭達選擇了後者。

我給小組看了一張有點「前衛」的婚紗照。新娘和新郎在拍照時決定擺出一個婉轉來說是很

有意思的姿勢。拍照的地方是樹叢裡，新郎背對著鏡頭，他的深藍色西裝褲褪到膝蓋處。新娘的白色頭紗和婚紗只露出了一部分，但是顯然她就跪在新郎面前，畫面描繪出口交現場的效果。

我問小組的問題是：「這張照片是不是太超過了呢？如果是的話，為什麼？如果不是的話，為什麼不？」大家都可以表達意見，提出自己的論點。布蘭達最開始的判定是堅決的「是」。她覺得那張照片太超過了，完全不可以接受，但是她又沒辦法說出理由。她的回答感覺上跟浪漫有點關係，覺得浪漫不該被描繪成這個樣子。

我當時問她，「如果新娘和新郎拍照的時候不是穿婚紗和西裝，而是穿日常裝束，這樣的話，這張照片還是會太超過嗎？」

布蘭達想都沒想，「不會！」她大呼。「當然不會啊！」她一聽見自己的答案，立刻舉手摀住嘴巴，因為她被這個連自己都從沒發現過、深藏不露的價值觀給嚇了一跳：原來她內心顯然覺得新娘和新郎應該被刻劃成貞潔的形象。

布蘭達發現自己心裡有這麼傳統的觀念，完全愣住。當時她處於同性關係中——已婚，有兩個小孩——自認是個非常進步、想法開放的人。她被這種本能的價值判斷嚇了一跳，因為對她來說，這樣的價值觀與她本身抱持的信念並不一致。後來她解釋，她從小在很保守的環境中長大，覺得這個對於新婚夫妻和貞潔的觀念可能與父母的觀念比較相關，而非她自己的想法。這個例子讓她對於自己的思考內容以及思考內容的根基有了更清楚的看法，由此開始，她便能夠判定這不是她想要維持的觀點，她也不希望自己是抱持這樣觀點的人。

我請她再看一次那張婚紗照，她笑了。她仍不覺得那張照片拍得好，也不同意攝影師的品味，不過這次她的思緒框架已經不同，也可以做出明智的評斷——她對這個評斷感到踏實多了。

敞開心扉接受有針對性的提問，有時可以讓你接觸到你從不知道自己握有的一些意見、評斷、假設或價值觀。蘇格拉底式處理過程有時候可能讓你覺得有對立感，甚至是個很痛苦的過程，但是過了以後，等到你的思緒被好好地攤開來，就能更輕易地評估自己的反應，看看這樣的思緒是不是符合你這個人、有沒有與自己想成為的那個人一致。這麼做能夠讓你有空間去探索議題，給你機會重新做出決定，去修正自己的自我認同，做出清楚、深思熟慮後的決策。這個方法讓你能夠擺脫舊有的思考模式——僵化的價值觀和陳舊的觀念、從他人身上遺傳來的觀點——然後用自己的方法重新鑄造。要讓這個過程成真，你需要好的、有深度的問題。

練習：提出「如果」問題

如果你跟某人交談，且感覺對方開始有點越陷越深，可能需要把腦袋清空一點，那就試著提出「如果」問題吧。要這麼做，你可以先好好緊跟著對方的思緒，一邊架構自己的問題。

對方：昨晚雷蒙娜出現在派對上之後，我就變得好緊張。

你：如果雷蒙娜沒有出席派對呢？你還是會變得很緊張嗎？

敞開心胸去提問

提問的藝術不是一個可以一夜培養出來的能力。這需要時間，需要練習和訓練。你面對其他人時抱持的那種驚奇態度，在面對自己時也該具備。你什麼時候會提出毫無意義的評斷？你什麼時候會吐出一個口頭的煙幕彈來掩蓋真正發生的事情？你什麼時候會說詞前後矛盾？你有能力剖析、分析和帶著批判性去質疑自己的想法嗎？你能接受他人批評你嗎？你有沒有勇氣回去看看自己之前的觀點、探索新的角度，甚至徹底改變想法呢？

透過開放地對自己提出問題，透過敢於質疑自己的意見、主張和假定想法，你能夠養成一種真誠、開放的驚奇態度。只要你能勇於提問，對自己總是抱持懷疑，你就會自動變得溫和，也會對他人更加開放心胸。

想要掌握問問題的藝術，也許敞開心扉接受提問正是最重要的條件。如果你自己都沒有準備好要放開心胸、保持好奇心地去看待自己，你要怎麼對他人提問呢？經歷過幾次反詰或矛盾之後，你就能夠理解對方在蘇格拉底式提問之後的回答。

除了上述幾點以外，如果你想喚醒他人的新觀點，就必須要盡可能地將蘇格拉底式態度派上用場，以身作則。這也代表了你要對自己、對自己所說的話一次次提出疑問，並邀請他人來質疑你。在自我檢測的時候千萬不可以手下留情，要對抗想放過自己的那個念頭。其他人質疑你的時候，用心去體會那些問題。逃避問題或者玩文字遊戲都沒有意義，拋出文字煙幕彈、避重就輕地回答問題，都只會掩飾你的不安全感或不一致處，沒辦法讓你變得更有智慧。要敢於質疑你覺得自己已經很肯定的東西，擁抱無所知。要有想法、有自己的立場，然後想辦法去驗證，同時若情況顯然要你改變想法的時候，用開放的態度去接受。點燃你的敏捷視角，然後幫助其他人點燃同樣的火焰。

那我呢？哪時候輪到我說話？

這本書從頭到尾都要你去關心其他人。你學會了如何有效地聆聽，如何培養蘇格拉底式態度的提問方法。你拋棄了自己的觀點，一頭栽進其他人的思緒中。你知道如何提問，如何跟進自己的問題，如何辨識出臨界點，去深掘出細節，再切換成抽象的方式，挑出關鍵的概念。

也許這一切會讓你不禁開始思考，到底可不可以說出自己的想法。到底哪時候才輪到你說出自己心裡的話？難道你的觀點沒有公諸於世的價值嗎？你要如何從他人的觀點轉變為分享自己的想法？

先去了解，再被了解

我們都多少想被人了解。但是如果我們把時間全花在宣傳自己的觀點，結果就是沒有人會覺得自己被了解。多數人都很擅長對別人滔滔不絕地放送自己的看法，卻很少人真的了解如何讓人聽懂，如何把速度放慢，檢視自己究竟說了些什麼。這就是本書幾乎完全致力於培養這種接受能力和分析能力的原因。我深信如果大家不論情況多麼極化，都能夠用更好的手法去處理痛苦的討論和意見衝突，如果大家都能夠更擅長上述幾點，我們的交談就能有長足的改善——公開辯論的水平和品質也會提高。

一旦能夠更了解對方，能與對方的思考方式有更完整的連結，你就能夠清出空間來安放你的看法。畢竟你不會想要只是隨便丟出一個意見而已。你想要對方真的聽見你說的話，好好地去理解，不是嗎？要達成這點，你得先建立一座橋梁。

建立橋梁的幾個原則

橋梁的堅固程度取決於兩側的基礎。這就是為什麼你要先投入大量時間、注意力和精力來傾聽和了解對方的想法。河岸另一頭的理解基礎已經很穩固之後，你就能開始造橋，並且邀請位在對岸的對方聆聽、探索你這頭的故事。這座橋——那個邀請——可以簡單用個問題就做到。

想像自己與朋友或同事坐在桌邊，對對方的觀點提出質疑和深入探索。他們很可能隨時會問：「你覺得怎麼樣？你對這件事有什麼看法？」即便他們沒有這樣問，你可以用提議的方式，給自己的想法讓出個空間：「我對這件事有幾個想法，你想聽聽看嗎？」或者說：「有意思，不過我好像沒有完全認同你的觀點，要不要聽聽看我的看法？」

這不僅只是取得發表意見的同意而已，這麼做比取得同意來得重要多了——你是在打開對方的思緒，讓其開始接收。對方剛花了點時間表達自己的思緒和想法，從闡述自己的觀點，到吸收對方的觀點代表的是交換角色。只要你知道對方的觀點正朝著你的方向來，要操作這個突然的改變會比想像中快，也更簡單。

這個步驟我們常常會忽略。我們在交談中會耐心地聆聽對方說話，有時候問一、兩個問題，然後就開始把自己的想法傾倒在對方身上，事先也不先說點提醒，沒有為了能夠平穩地把說話者與傾聽者的角色互換，先告訴對方你準備交換角色了。慢慢地把對話從這個階段轉移到下一個階段，你會開始覺得更清楚、更流暢：現在要檢視的是誰的意見，以及你們同意哪些、不同意哪些點，也會變得更清楚。

練習：搭建橋梁

進行一場對話，對話的開始就先檢查對方的觀點。跟進你的提問，仔細聆聽答案。也許在某個時間點，對方會問你有什麼看法。在那個時間點降臨之前，看看自己能不能持續問問題，並且專注在對方說的話上面，讓自己練習只有在對方請你分享意見的時候才開始說。如果對方沒有請你分享看法，請用類似下方的句子，自己搭建橋梁：

- 我對這件事也有一、兩個看法。我可以跟你分享嗎？
- 你想要知道我對這件事有什麼想法嗎？
- 你說的話讓我有一些自己的看法。要不要跟你分享呢？

橋梁搭建好之後，繼續認真尋找、認真聆聽。看看這對對方和後來的交談有什麼影響。

對，有時候也不一定會如願……

有一次在一場派對上，有人問我在寫什麼書。我說我寫的主題是有關提問、進行深入交談、探索自己和他人的想法。

「很棒啊，」一名男子說道，「但是有時候也不一定會如願，對吧？我有個朋友，話總是不多。我問他問題，他卻總是不感興趣的樣子。所以我就覺得不用繼續跟進和深入了解了。畢竟如果他沒有跟我一樣投入交談，我又何必白費力氣呢？」

當然，他的話不無道理。如果對方對你的想法和觀念沒有真正的興趣，你何必在這段交談中投入心力呢？

說老實話，這個問題我也覺得很難回答。對我個人來說，對方想什麼本身就是一件有趣的事。我喜歡對事物追根究柢，練習我的提問技巧。就算對方滿口胡言，觀點過度簡單，還有那種很容易讓我覺得不舒服的人也一樣。我喜歡對他們提問，了解他們的邏輯，這些邏輯通常也跟我的多少有點相似。問這些人問題能夠開展我對這個世界的觀點。透過了解一個人，我也能更了解其他跟他觀點相似的人。有時候我認為一個人的觀點能夠代表一個更大的群體，透過掌握他的觀點，我能掌握這些人的思維方式，掌握我過去不知道的新視角。這個過程非常有意思，也能讓我獲益良多，那種「心裡的想法想要被聽見」的感覺通常就會淡去。

這就是為什麼如果對方看起來沒有什麼動力或興趣聽我說話，我也覺得沒關係。我的喜悅來自於沉浸在對方思考的過程中，所以對我而言，有沒有表態自身立場，或是有沒有用我自己的觀點和意見說服對方，就不太重要。我曾與想法跟我完全相反的人交談，並從中得到許多收穫，其間我完全沒有分享我的看法，主要都是用一種真誠的興趣和驚奇的態度與對方的思考方式互動。將這些觀點與我自己的觀點對照和比較的過程，往往是後來才會發生——在我開車回家的路上，或者在我吃晚飯的時候。

當然，如果說我對於在派對上那名男子的經驗一點都不熟悉，那我就是在說謊了。你很想要跟某人進行一段好的交談，但是對方卻擺明了沒什麼興趣，最後交談的重擔都落在你一人身上。這時候你就該問問自己：「他們沒興趣的狀態造成多大困難，我又願意投入多少精力在這場交談中？我需不需要對方對我抱持著像我對他這樣的興趣？我有沒有覺得我對對方的興趣應該要得到回應，還是我可以享受單純提問的過程就好？」

在這樣的情境中，我母親總是會這樣說：「自己選好了就不要抱怨。」你不必跟每個人交談。那個總是在家庭聚會上講同樣故事的浮誇表親？沒心情的話就躲開他吧。那個跟你毫無共通點、每次出現都會消磨你的精力的同事？你當然沒有責任與這些人進行蘇格拉底式的交談。

跟人交談的時候，留意自己的精力上升或耗散的狀況，對我來說是一個很健康的直覺。不過話雖這麼說，如果能夠放下所有成見，放手試試看，就算只有幾分鐘也好，搞不好也能找到原本沒看見的收穫呢。不要害怕朝著對你看似沒興趣的人的思緒展開蘇格拉底遠征之旅，不要害怕那些看起來跟你想法大相逕庭的人，或是那些你完全沒好感的人。不要用太高的期望來限制自己進入交談之中，你可能會有驚喜的收穫。最糟糕的情況能怎樣呢？你可能會找到一個新的觀點，或者單純驗證自己心裡本來的想法。

我把對另一個人的那種真心好奇視為一個禮物。給對方的禮物。也許也是給自己的禮物。我深信現今世界裡需要更好的交談，讓我們可以一起變得更有智慧，而不是只是說服他人，讓他們知道對的是我們、他們是錯的。我們需要的是能夠有時間來產生新觀點和看法的交談，在這樣的交談中，在我們被了解之前，我們會想先去了解他人。我相信一場好的交談始於一個好的問題。一個好的問題始於好奇和驚奇的態度，以及真誠的求知欲望。我們的老朋友，蘇格拉底體現的就是這種態度。

我的迷你版蘇格拉底就在這裡，跟我一起坐在沙發上。他在公園跑了一圈以後，腳上的跑鞋髒兮兮的，披風上沾了泥漬。我看著他，問他，「蘇格拉底，你覺得這本書會有用嗎？這本書能不能啟發其他人去幫助自己進行更好的交談？你覺得這本書能不能夠幫上忙，讓世界變得好一點？」

「別問我。」蘇格拉底看著我，聳聳肩。「時間會證明一切……這條路還很長。但這是個好的開始。」

後記

一本書就像是一齣舞台劇，沒有真正結束的時候。這我知道——畢竟我已經寫了幾本啊！文字也許已經敲定、白紙黑字地印出來，但是思緒是永遠不會停止的，想法會一直發展下去。

隨著演出次數增加，一齣戲的顏色和氣氛都會改變。到了接近下檔的時候，所有細節、細微差別和特徵，都已不是最初的模樣。與觀眾的互動豐富了演出，讓其得以成長。

我相信書本的運作方式也是一樣的。因為與你——讀者——接觸了，新的想法、觀點和疑問逐一形成，對於書頁中提及的主題，也有了新的思考方式。你可以在www.socratesopsneakers.nl和www.denksmederij.nl追蹤進度。在上述連結中，可以找到文章、影片、練習以及活動日期。當然，非常歡迎你提出疑問，或者與大家分享想法和意見。

我很期待能夠在那裡與你展開對話。

謝誌

一個想法成形後，只能從被質疑和受挑戰中受益。對一本書來說，也是如此。許多人的寶貴貢獻、想法、批判問題、鼓勵和衷心支持，我都該好好表達謝意。

首先，謝謝每一個願意與我分享故事的人，謝謝每一個願意回答我的問題、跟我一起踏上探索之途的人。在這本書裡面，可以看到許多你們的故事。感謝你們的開放和慷慨。

Matthijs，我的摯愛、我的成長夥伴，感謝你讀過我所寫下的每一個字，一路與我同行。謝謝你當我的磨刀石，讓我更敏銳、思考更清晰。

感謝在建立連結、提出質疑和接觸聯繫方面，有著源源不絕智慧的母親。

感謝我的妹妹Anne：能夠有一個對我瞭若指掌的人在身邊是多麼珍貴的事。

我的父親Wim Wiss，感謝他認真讀過我的每一本作品、每一篇文章和部落格，聽完我的每一集Podcast，然後在他的Facebook上分享一切——偶爾會補上批評的話和抓錯字。

感謝我的老師Hans Bolten、Kristof Van Rossem、奧斯卡・柏尼菲以及Karin de Galan：你們的想法、課程和理論，成就了我寫作的材料。能夠有幸從你們身上學到這一切，且仍想繼續學習下去，我要感謝你們。

Floor Overmars of literary agency Sebes & Bisseling：謝謝你們在最開始的時候寄來了那一封電子郵件，謝謝你們的熱忱，以及對這本書的價值有這樣屹立不搖的信心。

感謝荷蘭出版團隊Ambo|Anthos：你們的指導讓這本書變得比我一個人埋頭去寫還要更好。謝謝你們。

在此我也要好好謝謝我的英國出版團隊，Penguin Random House UK，以及在該團隊的編輯。我要謝謝德國出版團隊Kösel-Verlag、韓國出版團隊DongYang Books Corporation，感謝他們願意在他們的國內出版這本書。謝謝你們協助翻譯本書，讓更深入、更有意義的對話內容能被更多讀者看到。

感謝最初的共同讀者：Iris Posthouwer、Annemiek Laarhoven、Ariane van Heijningen、Sigrid van Iersel、Lars van Kessel、Stella Amesz、Rose Spearman、Nynke Brugman以及Ruben Klerkx。謝謝你們給的小撇步、建議、批評指教，以及讚美和鼓勵。沒有你們的回饋意見，這本書就不會是現在這個樣子。

給每一個透過電子郵件、領英、Facebook和Instagram給過我幫助的人——謝謝你們。也許你沒有發現，但是在我自我懷疑的時候，你伸出的援手真的很暖心。有時候我真的覺得好像有一群專屬的啦啦隊。

最後，我要謝謝你，親愛的讀者。謝謝你撥空讀這本書。謝謝你願意讓自己沉浸在問好問題的藝術中，謝謝你準備好要用更清晰的方式去思考、去表達自己的思緒，去展開更好的對話、尋找更大的深度和連結。單單只是寫一本書，並不能讓我憑一己之力來改變交談本質，但是你我一起，從一段好的交談開始，就能夠讓這個目標實現。你是這個過程中不可或缺的一個環節。謝謝你加入。

同時推薦 ◆最強學習書

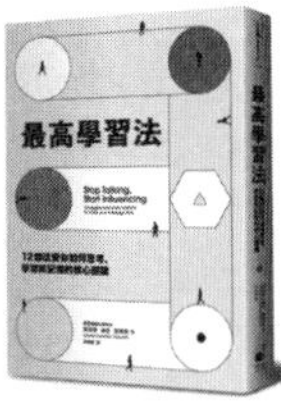

《最高學習法》
12 個改變你如何思考、學習與記憶的核心關鍵

傑里德．庫尼．霍維斯
(Jared Cooney Horvath) ◎著
陳錦慧◎譯

腦內革命新一波，遠離事倍功半的冤枉路。
如果你正想突破自己的成長，這本書非讀不可。

《最高的聆聽》
建立真心連結、溝通，以及關係的 5 堂課

派翠克．金 (Patrick king) ◎著
朱浩一◎譯

聆聽就像一面鏡子，任何人都能透過聆聽力改變自己。
一旦你真心聆聽他人，會發現這是一本心靈對話之書。

《思考練習題》
美國名校都在用的動腦題庫，突破我們的想像同溫層

瑪瑞琳．伯恩斯
(Marilyn Burns) ◎著
葉懿慧◎譯

榮獲亞馬遜網路書店五顆星最高評價！
數十年不敗的經典之書，跳脫框架的啟發之寶。

《最強讀人術》
從了解自己到透析人心

派翠克 ．金（Patrick King）◎著
朱浩一◎譯

就算對方一個字都沒說，也有辦法理解他們？
學習非語言行為的判讀超能力，你必須先讀懂你自己。

《視覺思考練習題》
160 個增強腦力的解謎遊戲

葛瑞斯．摩爾 (Gareth Moore) ◎著
翁雅如◎譯

★集合推理與想像，一生一定要挑戰一次！
★腦力全開，活化深層腦細胞的健腦認證

《不受傷害也不傷害人的說話練習》
寫給想要擁有美好關係的你

林玎珉 ◎著
陳品芳◎譯

不必為他人的刺耳言語傷心受挫，
只需要練習以成熟穩重的方式，好好表達想說的話。

《用圖像思考法整理人生》
80 道練習題，立刻行動實踐夢想

薩維耶．德朗蓋尼
(Xavier Delengaigne) ◎著
蔡孟貞◎譯

現在就拿出一枝筆，一張紙，
你的三心二意竟然可以井然有序，
迷路人生的路徑越來越清晰。

《這樣說話讓你喜歡自己，也受人歡迎》

山﨑拓巳◎著
林佳翰◎譯

溝通專家山﨑拓巳，教你說對話成為人脈王。
99 個實境 CASE，人與人之間的好感度立刻上升！

延伸閱讀 ◆褚士瑩

《我為什麼去法國上哲學課？：擺脫思考同溫層，拆穿自我的誠實之旅》

褚士瑩◎著

從咀嚼說出的每一個字，驚覺過去引以為豪的禮貌用語是思考敵人；從身體展現的每一個動作，挖掘隱藏的自我，承認無知是獲得知識的開始；但思考沒有「無痛分娩」，找到幾條清晰路徑，塑造自己，延伸自己，最後大喊：我要帶著哲學活下去！重新啟程！

《我為什麼去法國上哲學課？（實踐篇）：思考讓我自由，學會面對複雜的人際關係，做對的決定》

褚士瑩◎著

本書將強調如何使用思考的技巧，幫助我們每一天的生活。而最好的方法就是從觀察開始，任何生活裡的小事，都可以去問「為什麼會這樣？」「為什麼會有這個現象？」不論是跟人一句短短的對話，還是我們聽到的一句話，都可以觀察自己的反應與情緒。

延伸閱讀 ◆曾寶儀

《50堂最療癒人心的說話練習：在溝通中肯定自己，觸動他人》（溫暖燙金暢銷版）

曾寶儀◎著

原來，「說話」可以成為療癒人心的一種途徑。她一開始不懂，以為愛說話就是會說話，把時間填滿，取悅別人搞熱氣氛，以意志力支撐，滿足眾多期待，才能贏得光鮮亮麗的掌聲。

但要如何說話才能做到心與心溝通？肯定自己，觸動他人？

本書是曾寶儀二十年來從各種工作經驗中，一點一滴努力探索，挖掘與思考什麼是「說話溝通」的細膩分享。

《一期一會的生命禮物：那些讓我又哭又震撼的跨國境旅程》（暢銷燙金版）

曾寶儀◎著

有時候我們面臨挑戰，不一定有勇氣迎接；有時候我們淚流滿面，但並不清楚豐盛的成長正在澆灌我們。

讀著這本書的你，希望這是一趟帶給你思考的旅程，一趟能讓你更靠近真實自我的旅程，一趟能讓你直視生命的旅程，以及一趟能讓你全然自由的旅程，當旅程結束，你也有了一份屬於自己一期一會的生命禮物。

Creative 175

最強提問力：
問更好的問題，獲得更棒的答案！

填回函雙重禮
①立即送購書優惠券
②抽獎小禮物

作　　者｜埃爾克・維斯（Elke Wiss）
譯　　者｜翁雅如
出　版　者｜大田出版有限公司
台北市一〇四四五中山北路二段二十六巷二號二樓
E-mail｜titan@morningstar.com.tw http://www.titan3.com.tw
編輯部專線｜（02）2562-1383 傳真：（02）2581-8761

總　編　輯｜莊培園
副總編輯｜蔡鳳儀
行政編輯｜鄭鈺澐
行銷編輯｜張筠和
校　　對｜黃薇霓／黃素芬
內頁美術｜陳柔含
初　　刷｜二〇二二年六月一日　定價：四二〇元
三　　刷｜二〇二四年三月一日

網路書店｜http://www.morningstar.com.tw（晨星網路書店）
專線：（04）23595819#212 傳真：（04）23595493
購書Email｜service@morningstar.com.tw
郵政劃撥｜15060393（知己圖書股份有限公司）
印　　刷｜上好印刷股份有限公司
國際書碼｜978-986-179-721-2 CIP：161/11001777

國家圖書館出版品預行編目資料

最強提問力：問更好的問題，獲得更棒的答案！／埃爾克・維斯著／翁雅如 譯．——初版——台北市：大田，2022.06
面；公分．——（Creative；175）
ISBN 978-986-179-721-2（平裝）
161　　11001777

法律顧問：陳思成